KB165072

바꾼

기후

세계사 가로지르기 10

세상을 바꾼 기후
© 김덕진 2013

초판 1쇄 발행	2013년 5월 20일
초판 2쇄 발행	2014년 8월 30일
지은이	김덕진
펴낸이	김한청
편집	신한샘
디자인	이미연
마케팅	오주형
펴낸곳	도서출판 다른
출판등록	2004년 9월 2일 제 2013-000194호
주소	서울시 마포구 동교로 18길 13(서교동, 세원빌딩 2층)
전화	02-3143-6478
팩스	02-3143-6479
블로그	http://blog.naver.com/darun_pub
트위터	@darunpub
메일	khc15968@hanmail.net

ISBN 978-89-92711-80-7 44900
ISBN 978-89-92711-70-8 (set)

이 도서의 국립중앙도서관 출판시도서목록(CIP)은 서지정보유통지원시스템 홈페이지(http://seoji.nl.go.kr)와
국가자료공동목록시스템(http://www.nl.go.kr/kolisnet)에서 이용하실 수 있습니다.(CIP제어번호:
CIP2013005830)

세상을 바꾼 기후

기후 변화,
과거를 알면
미래가 보인다

김덕진 지음

다른

기후가 역사를 만든다

기후란 어느 지역에서 장기간에 걸쳐 나타나는 날씨(기상)의 평균 상태를 말한다. 기후는 일정하지 않고 지역에 따라 덥거나 추울 수 있고, 건조하거나 습할 수도 있다. 사람들은 각 지역의 기후에 맞춰 독특한 문화를 만들어 살아간다. 곧 기후는 인간 문화의 바탕이자 삶의 조건이다.

한 지역의 기후는 변하기 마련이고, 날씨 또한 변덕스럽기 그지없다. 변덕스러운 기후 변화가 유독 심했던 시기도 있었다. 인류가 피할 수 있는 문제가 아니었다. 어떤 때는 쉽게 이겨내기도 했지만, 심할 경우 몸살을 앓기도 했다. 그 충격을 이겨내고 새로운 역사를 만든 국가나 민족이 있는가 하면, 그렇지 못하고 도태된 국가도 있었다. 기후가 역사를 만들고, 기후 변화가 인류 역사에 큰 영향을 미친 셈이다. 오늘날도 마찬가지여서 기후는 현재 인류의 최대 관심사 가운데 하나이다.

기후 변화는 한 사회를 송두리째 뒤흔든다. 일단 혹독한 기후는 농

업과 어업을 망가뜨리고 교통을 방해하여 사람들의 삶을 구렁텅이에 빠뜨렸다. 이러한 '경제 위기'로 사람들이 거리에 내몰리고 굶어 죽어 갔다. 먹을 것을 찾아 다른 곳으로 떠나는 사람도 있었는데, 아일랜드 사람들이 미국으로 이주한 것이나 조선인이 간도로 이주한 경우가 그렇다. 현재의 탈북자도 어찌 보면 정치 망명객보다는 '경제 난민'에 가까운지도 모른다. 그리고 기후 변화로 새로운 질병이 유행하여 많은 사람들이 죽고 고통을 받기도 했다. 물론 질병 때문에 새로운 의술과 의학서 및 복지 시스템이 등장한 것은 역사의 반전이라고 할 수 있다.

또한 기후 변화로 경제 위기가 닥치고 민심이 흉흉해지면 사람들은 사회개혁을 요구하게 된다. 이른바 '정치적 스트레스'가 높아진다는 말인데, 그로 인해 반란이 일어나고, 개혁이 단행되고, 혁명이 발생하고, 왕조가 교체되었다. 대표적인 시민 혁명으로 꼽히는 프랑스 대혁명의 배경에 바로 기후 악화로 야기된 식량 부족이 있었다. 반면에 성난 민심을 밖으로 돌리고 부족한 식량을 충당하기 위해 침략 전쟁을 일으킨

경우도 있었는데, 여진족이 조선을 침략한 병자호란 때가 그러했다.

기후 변화는 사상과 예술 및 생활 문화, 종교 생활에도 영향을 미쳤다. 마지막 빙하기 때 구석기인들이 남긴 동굴 벽화는 후빙기 때에는 더 이상 그려지지 않았다. 소빙기 때에는 보온을 강화하는 주택과 의복이 널리 보급되었고, 미술 작품의 화풍에도 추운 날씨와 화산의 영향이 담겨져 있다. 그런가 하면 동양과 서양에서 불교와 크리스트교가 교세를 확장하여 자리를 잡거나 이슬람교가 창시된 때는 기후 악화기였다.

이처럼 기후는 세계사의 흐름에 큰 영향을 미쳤다. 이를 통해 우리가 알 수 있는 사실은, 기후를 아는 자는 역사의 승자가 되었지만 모르거나 무시하거나 악용한 자는 패자가 되었다는 점이다. 앞으로도 기후는 세계사의 흐름을 바꿀 것이다. 이 책에서는 현재 거론되고 있는 '지구 온난화'에 대한 대비책까지 다룰 것이다.

막상 집필을 마치고 나니, 역사의 동력으로 다른 중요한 요인도

많은데 기후를 너무 앞세우지는 않았나 하는 생각이 든다. 하지만 균형 감각을 유지하려고 노력했고, 그러한 판단에 근거한 결론이라는 점을 밝혀 둔다. 또 독자들은 이 책의 내용이 유럽 중심이라는 생각을 할 수도 있다. 이는 필자도 아쉬운 점인데, 현재의 연구 성과로는 어쩔 수 없는 상황이다. 그렇지만 가급적 우리나라와 아시아의 상황도 소개하려고 노력했고, 국내외 최근 소식도 곁들여 복잡한 역사를 쉽게 전달하려고 힘썼다.

차례

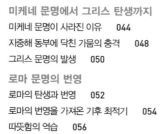

1
후빙기,
문명을 꽃피우다

1만 년 전 마지막 빙하기가 끝나고
후빙기가 시작되었다.
따뜻한 기후는 인류가 기지개를 펴고
동굴 밖으로 나와 농사를 짓고
도시를 만들고 문명을 이루게 했다.

환웅이 하늘에서 태백산 꼭대기의 신단수 아래에 내려와 곰을 만나 단군을 낳았고, 단군은 기원전 2333년에 고조선을 세웠다. 『삼국유사』에 나와 있는 단군 신화로 우리 역사가 시작되는 영광스러운 순간이다. 태백산이 어디인지 정확하게 알 수는 없지만 보통 백두산이라고 한다. 백두산은 한반도 북쪽에 위치한 데다 높이가 2,000미터를 넘는 높은 산이다. 그래서 한여름 몇 개월을 제외하고는 사람이 살기 어려울 정도로 날씨가 춥다. 오늘날처럼 추웠다면 그곳에 환웅이 내려오고 단군이 나라를 세웠을까?

지금으로부터 1만 년 전에 마지막 빙하기가 끝나고 후빙기가 시작되자 지구 기후는 크게 변했다. 기온이 올라가면서 강우량이 늘고 빙하가 많이 녹았다. 바다 수위가 올라가 오늘날의 지형이 만들어졌다. 곳곳에 강물이 흐르고 산림이 드러났다. 농토와 초지가 새로 생기고 갖가지 동물이 뛰놀았을 뿐만 아니라 식물의 성장기가 길어졌다. 사람들은 동굴에서 나와 집을 짓고 마을을 이뤄 정착 생활을 했다. 농사를 짓고 가축을 길렀고, 여러 도구를 만들어 사용했다. 인구가 늘자 도시가 나타났다. 도시에 힘이 강한 자와 약한 자가 살면서 인류 문명이 꽃피기 시작했다.

문명이란 인류의 지혜가 발달하여 미개한 상태에서 벗어나 사회생활을 위한 기술과 제도가 발전된 상태를 말한다. 문명이 처음 발생한 지역은 유프라테스 강과 티그리스 강 사이의 메소포타미아 지역, 이집트의 나일 강 유역, 인도의 인더스 강 유역, 중국의 황하 유역이다. '지구 온난화'에 힘입어 강우량이 많아 늘 홍수가 발생했고, 강물의 범람은 강 유역에 비옥한 충적토를 만들었다. 그런데 갑자기 기후가 바뀌어 비가 적게 오자 사람들은 수로를 만들어 주변 토지에 물을 공급했다. 당연히 물이 있는 곳으로 사람이 몰리게 되었고, 법률과 신분과 국가가 발생하여 문명이 만들어졌다. 이 네 지역에서 탄생한 문명을 세계 4대 문명이라고 하는데, 이를 토대로 인류 문명은 급속도로 발달하게 되었다.

기지개를 펴는 인류

동굴의 시대를 끝낸 후빙기

지구는 약 46억 년 전에 탄생했다. 그동안의 지구 역사를 되돌아보면 빙하가 지구를 뒤덮었던 때가 네 번 정도 있었다. 마지막 빙하기 동안 북아메리카, 북유럽, 영국, 시베리아는 얼음으로 뒤덮여 있었다. 지구의 30퍼센트가 얼음 덩어리였고, 그 규모는 현재의 3배나 된다. 해수면 높이는 지금보다 120미터나 낮았고, 평균 온도 역시 현재보다 5도 정도 낮았다. 마지막 빙하기는 약 7만 년 전에 시작되어 1만 년 전에 끝났다.

마지막 빙하기가 끝난 때부터 현재까지를 간빙기, 홀로세 또는 후빙기라고 한다. 그린란드에서 채취한 얼음 덩어리와 바다의 침전물을 분석한 결과 지구 기후가 1만 년 전(기원전 8000년 무렵)에 후빙기로 들어섰음을 과학적으로 알아냈다.

후빙기는 마지막 빙하기에 비하여 기온이 훨씬 높았다. 곳곳에 비가 내리고 강물이 흘렀고, 눈으로 뒤덮여 있던 곳이 숲과 초지 및 농경지로 바뀌었다. 북부 독일 평원까지 확장되었던 빙하는 지금처럼 스칸디나비아 반도로 후퇴했고, 얼음으로 뒤덮여 있던 캐나다도 서서히 모습을 드러냈다. 들소나 사슴 및 매머드 등 대형 동물들은 추위를 따라 북쪽으로 이동하면서 유럽이나 아시아에서 모습을 감췄다. 우크라이나에서는 90마리 분이나 되는 매머드 뼈로 움막을 만들었는데, 이제 뼈 움막을 포기할 수밖에 없었다. 북쪽으로 이동한 매머드는 인간들의 무분별한 사냥에 의해, 또는 먹잇감 부족으로 멸종하고 말았다. 대형 동물 99퍼센트가 감소했고, 사람들의 식생활에서 작은 짐승이나 물고기 및 식물이 더 중요해졌다.

기후가 따뜻해지면서 동굴의 시대가 끝났다. 인간의 역사에 관한 최초의 기록인 프랑스 라스코의 동굴 벽화는 1만 5,000년~1만 7,000년 전에 살았던 사람들이 그린 것으로 추정되며 말, 사슴, 들소, 소떼가 벽을 따라 연달아 그려져 있다. 쇼베 동굴 벽화, 알타미라 동굴 벽화 등을 남긴 구석기 사람들이 동굴에서 나오며 더 이상 동굴 벽화는 그려지지 않았다.

따뜻한 기후로 바닷물이 차오르면서 지형에도 변화가 생겼다. 베링

해협이 생기는 바람에 알래스카에 살던 사람들은 더 이상 시베리아로 돌아갈 수 없었다. 오스트레일리아까지 걸어갔던 아시아 사람들도 더 이상 고향으로 걸어 돌아올 수 없었다. 그래서 이들 지역에 아시아계 인종이 살게 된 것이다.

기온이 올라가면 어떤 결과가 발생할까? 지구의 평균 기온이 1~2도 정도 변하는 것쯤은 그리 중요하지 않다고 생각할지도 모르나 큰 오해다. 당시의 기온 상승은 바닷물의 증발을 증가시켰다. 바닷물 증발은 강수량 증가로 이어져 온난 습윤한 기후로 바뀌었다. 오늘날에는 사람이 살기 어려운 사하라, 중동, 중앙아시아의 사막 지대가 당시에는 호수와 초지로 뒤덮여 있었고, 우물 주변에 사람들이 모여 살았다. 기원전 6000년~기원전 4000년 무렵에 그려진 사하라 사막의 절벽 벽화에는 코끼리, 기린, 하마, 악어를 비롯한 여러 동물과 소를 목축하는 모습이 그려져 있다. 이 지역이 현재보다 훨씬 더 습윤했다는 뜻이다. 기후가 따뜻해진 후빙기는 사람들의 생활을 바꾸었고, 이로써 구석기 시대가 끝났다.

농경과 목축의 시작, 신석기 혁명

후빙기가 시작되면서 여름의 기온이 크게 상승했고, 겨울의 추위도 누그러졌다. 그 결과 비가 자주 와 곳곳에서 홍수가 발생하더니 비옥한 토지가 만들어졌다. 눈이 녹은 지역에는 우거진 숲이 보였고 푸른 초원이 형성되었다. 식물의 성장기가 길어졌고, 동물의 먹이도 풍부해졌다. 그런 지역에 사람과 다양한 동물들이 모여들었다.

인류는 새로운 환경에 적응하여 강가나 바닷가로 모여들었다. 중동이나 유럽에서는 밀이나 보리 등의 곡식을 재배했다. 중국에서는 벼나 조 및 수수를 재배하는 곳도 있었는데, 지금은 벼가 생산되지 않는 지역에서 인공 재배한 벼 껍데기가 발견되었다. 페루에서는 감자와 옥수수를 심었다. 인류 최초로 식량을 스스로 생산하고, 양이나 염소 및 돼지 등의 야생 동물을 가축으로 기르기 시작했다. 하지만 세상에 공짜가 없듯이 가축을 기르다 보니 가축으로부터 천연두, 홍역, 결핵, 독감 등 이런저런 질병을 얻기도 했다.

큰 동물들이 줄어들자 돌을 갈아 만든 정교하고도 다양한 간석기로 사냥을 했다. 그 간석기로 농사도 지었다. 도구로 쓰기 적합한 돌을 깨내기 위해 원시적이지만 광산을 개발하여 인류 최초로 광업을 시작했다. 그리고 흙을 구워 만든 토기를 사용하여 취사를 시작했다. 그 토기를 우리는 빗살무늬 토기라고 하고, 일본은 조몬 토기라고 한다. 농경과 목축을 시작하자 사람들은 더 이상 먹을 것을 찾아 떠돌아다니지 않아도 되었고, 심한 가뭄에 견딜 수도 있었다. 자연히 같은 핏줄을 이어받은 사람들끼리 움집을 지어 모여 살

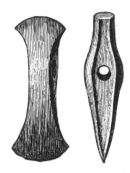

| 사냥과 농사에 이용된 간석기

게 되었고, 마을이 발생하기 시작했다. 학자들은 이란의 서부 지역에 위치한 자그로스Zagros 산기슭에서 대략 기원전 9000년경에 형성된 마을이 최초라고 한다.

신석기는 후빙기의 첫 출발점에 해당된다. 농경과 목축의 시작은 인류가 자연을 그대로 이용하던 단계에서 벗어나 개발하는 단계에 이르렀음을 의미한다. 농경의 시작이 혁명적 사건이었기 때문에 '신석기 혁명' 또는 '농업 혁명'이라고도 표현하는데, 18세기 산업 혁명과 맞먹을 만큼 인류 변천사에 중요한 사건이라고 할 수 있다.

이제 사람들에게 강물이 중요해졌다. 사람들은 수로를 만들고 강물을 끌어들여 농사를 짓고 농토를 넓혔다. 그리고 강에서 물고기를 잡았으며 집을 짓는 데 이용할 진흙을 얻었다. 또한 배를 타고 강을 따라 다니며 다른 공동체 사람들과 접촉할 수 있었다. 물을 다스리고 이용하는 치수는 문명을 위하여 중요한 일이었다.

빙하기 이후 따뜻해진 기후가 문명을 꽃피우기 시작했다. 그래서 인류 문명은 온난기의 산물이라고 한다. 그러나 후빙기라고 하여 기후가 균일하게 온난하지는 않았다. 지역과 시기에 따라 온난과 한랭 및 습윤과 건조한 기후가 번갈아 오갔다. 이러한 기후의 변화와 변덕이 인류 문명과 문화의 흥망성쇠를 가져왔다. 모든 문명과 문화의 전환기는 기후 변화와 깊은 관계가 있다고 말해도 결코 과장은 아니다.

축복이 넘치는 대홍수 시대

후빙기 동안 가장 따뜻했던 시기는 기원전 5000년부터 기원전 3000
년까지다. 현재보다 1~3도 정도 높았으며, 이 시기를 '기후 최적기'
또는 '최온난기'라고 한다. 열대와 온대 지역에서 모두 강우량이 증가
해 곳곳에서 강물이 넘치는 대홍수가 발생했다. 성서 속의 '노아의 홍
수'도 이 시기의 일이다.

홍수는 축복이었다. 이집트 나일 강의 경우 6월이 되면 범람하여
상류에서 비옥한 흙이 밀려 내려와 하류 저지대에 쌓였다. 10월에 홍
수가 끝나면 사람들은 비옥한 흙이 쌓인 곳에 밀과 보리를 심어 이듬
해 봄에 엄청난 수확을 얻었다. 만약 홍수가 나지 않으면 이듬해에는
흉년이 닥쳤다. 그러므로 이집트 사람들에게 홍수는 재해가 아니라
축복이었다. 그래서 이집트를 여행했던 그리스 역사가 헤로도토스는
이집트를 '나일 강의 선물'이라고 불렀다.

지구의 식물 분포도 달랐다. 현재 빙하로 채워진 아이슬란드의 일
부 계곡에서도 수목이 자랐다. 지금은 초목이 자라지 않아 사람이 살
기 어려운 아프리카의 사막 지역에서 인간이 살았던 흔적이 발견되
는 이유도 한때는 날씨가 따뜻하고 비가 내린 곳이었기 때문이다. 세
계 곳곳에 강물이 흐르고 그 주변에 숲이 있어 사람이 노닐고 동물이
서식하기에 충분했다. 여름에 규칙적으로 비가 내린 결과, 북반구 곳
곳에 농경이 전파되었다. 곳곳에 축복이 넘쳐 여러 민족 사이에 '황금
시대'에 관한 전설이 만들어지기 시작했다. 그 가운데 가장 잘 알려진

것이 성경의 '에덴 동산'에 관한 이야기다.

신석기 혁명 이후 농업 생산량이 늘면서 인구가 증가했다. 농업 시작 이전에는 약 600만 명이었는데 농업이 궤도에 오르자 2억 5,000만 명 정도로 증가했다고 추정한다. 인구 증가는 인간 사회에 커다란 변화와 발전을 가져왔다. 석기만을 가지고는 늘어난 인구를 부양하기 어려워 대량 생산이 가능하고 다양한 도구를 만들 수 있는 청동기를 사용하기 시작했다. 이른바 청동기 시대가 시작되었다. 인류가 순 구리를 처음 사용하기 시작한 시기는 기원전 5000년 무렵이다. 그리고 구리에 주석을 섞어 청동기를 만들기 시작한 시기는 지역에 따라 다소 차이가 있지만, 기원전 3000년~기원전 2000년 무렵이다.

호루스의 신전. 고대 이집트는 거대한 궁궐과 신전으로 유명하다. 이를 위해 파라오는 많은 소를 공물로 거두어들였다.

정착 생활을 하게 되면서 촌락 공동체가 발전하여 도시가 형성되었다. 도시에서는 교역과 전쟁으로 권력과 재산의 차이가 커졌다. 자연히 평등했던 구성원들 간의 관계가 달라지면서 제사장, 정치인, 농민, 노예 등 계급이 발생하여 국가가 성립되었다. 도시 국가의 지배 계급은 화려한 청동기를 사용하고, 거대한 궁궐과 신전을 세우고, 정교한 정치 조직을 만들고, 이러한 일을 추진하기 위해 세금을 거두었다. 또 통치나 상업 활동에 관련된 사항 등을 기록하기 위해 문자를 만들어 사용했다. 특히 청동기 사용은 인류 문화 발달에 크게 기여했다. 석기에 비해 단단하면서도 제작이 쉬운 청동기를 사용함으로써 농경과 정복 사업에서 뛰어난 성과를 거둘 수 있었다. 이러한 과정을 거쳐 인류는 문명 단계에 들어서게 되었다.

문명의 탄생

다시 추워지고 비가 줄어들다

세계 4대 문명은 기름진 흙이 쌓여 있어 대규모 농경이 가능한 큰 강 유역에서 발생했다. 그리고 모두 비슷한 위도에 위치한다는 공통점이 있다. 비슷한 기후 영향으로 문명이 탄생했음을 의미한다.

기원전 3000년 무렵부터 지구 기후가 다시 흔들리기 시작했다. 아프리카 나일 강의 수위가 점점 낮아지고 강폭도 좁아졌고, 매년 발생하던 홍수도 뜸해졌다. 기본적인 강우량이 줄어들었을 뿐만 아니라 나일 강에 물을 공급하던 사하라 지역이 사막화되어 숲과 나무가 사라졌기 때문이다. 유럽 알프스 산맥의 빙하는 확장되고 있었고, 알래스카, 스칸디나비아, 뉴질랜드 등지에서도 빙하가 다시 나타났다. 겁 없이 알프스를 횡단하다 눈에 갇혀 빙하 속에 묻힌 '외치'도 이때 아이스맨이 되었다가 1991년에야 발견되었다. 북아메리카에서는 많은 햇빛을 필요로 하는 나무들이 사라지기 시작했고, 그 자리에 햇빛을 덜 받아도 사는 나무들이 들어섰다. 남아메리카에서는 나무들이 물이 있는 계곡 쪽에 집중되었다. 이전보다 날씨가 추워지고 비가 적게 내린 결과였다.

이 증거는 여러 곳에서 발견되고 있다. 오스트레일리아에 있는 호수 밑바닥에 쌓인 꽃가루를 분석한 결과, 기원전 2500년 무렵부터 조금씩 기온이 낮아지고 강수량이 적어지는 경향이 드러났다. 미국 캘리포니아에서 자라고 있는 강털소나무의 나이테를 분석해 보면 나이테의 폭이 기원전 2500년 무렵부터 현저하게 촘촘해졌음을 알 수 있는데, 이는 당시 기후가 이전보다 추워졌거나 비가 적게 왔다는 점을 말하는 것이다.

이 증거들로 인해 후빙기 최온난기를 정점으로 하여 그 이후부터 기온이 하강했음을 알 수 있다. 유럽에서는 평균 2도 정도 낮아졌다고 한다. 이 시기에 스칸디나비아에서 신과 인간 세계의 종말을 다룬 라그나뢰크 전설이 만들어졌다. "눈이 살을 에는 듯한 바람과 함께 모든 방향에서 날렸다. 세 번의 이러한 겨울이 연이었고 그 사이에는 여름이 없었다."라고 한 것처럼 종말의 원인은 '매우 추운 겨울'에 있었다.

기온이 내려가면 어떤 일이 발생할까? 2012년 말에 치러진 미국 대선이 가까워지자 미국의 기상·선거 전문가들은 평균 강우량을 넘어 비가 1인치 더 내리면 전반적 투표율은 1퍼센트 조금 못 미치게 떨어지고, 평균 강설량을 넘는 1인치의 눈은 투표율을 0.5퍼센트 감소시킨다고 내다보았다. 둘 다 나쁜 날씨는 투표율을 떨어뜨린다는 전망이었다. 그러면 기원전 3000년 무렵 갑자기 추워진 날씨는 역사 속에서 어떤 역할을 했을까?

줄어든 강수량이 문명을 만들다

기온이 내려가면 일차적으로 바다에서 증발량이 줄어 강수량이 준다. 기원전 3000년 이후 세계 대다수 지역의 기후가 정확히 그러했다. 곳곳에서 비가 적게 왔고 계절풍 지역에서는 우기보다는 건기(비가 거의 오지 않는 시기)가 더 길어졌다. 비옥했던 대지는 황량한 사막으로 돌변하기 시작했고, 수목이 자라고 초지가 펼쳐졌던 곳도 황야로 변했다. 최온난기 때에 농사를 지었던 곳에서는 더 이상 농사를 짓지 않았다. 신석기 사람들이 애써서 개간한 농지는 황무지로 변했고, 힘들게 건설한 마을도 사람이 떠나 황폐해졌다.

4대 강 유역에 물이 마르고 있었다. 그 인근에 살던 사람들은 물을 얻기 위해 물가 주변으로 몰려들었다. 강 주변에 인구가 늘어나자 관개 농업이 이루어졌다. 수메르 사람들은 티그리스와 유프라테스 두 강가에 촘촘한 배수로를 파서 농토에 물을 댔다. 기원전 2000년 무렵의 점토판에 새겨진 길가메시 서사시에 배수로를 파는 장면이 기록되어 있다.

> 신들은 물길을 파야만 했네
> 물줄기가, 땅의 생명줄이 흐르게 해야 했다네

세상을 바꾼 기후

신들은 티그리스 강 바닥을 팠네
그리고 유프라테스 강을 팠다네.

4대 강 유역 밖의 아프리카, 아라비아, 아프가니스탄, 인도 북서부, 중국 고비와 신장 지역 등이 사막화되어 갔고, 이 지역에 살던 목동과

| 이집트에서는 용두레라는 도구를 사용하여 물을 끌어올렸다.

농부들이 양떼나 소떼를 몰고 4대 강 유역으로 피신해 왔다. 4대 강 유역의 도시 국가들은 이들을 노예로 삼아 집약적인 농업과 대규모 건축 공사에 이용했다. 복잡한 도시와 거대한 피라미드는 바로 이들에 의해 만들어졌다.

이제 4대 강 유역은 물로 넘치는 곳이 아니라 사람으로 넘쳐나는 곳이었다. 그 사람들을 효과적으로 통치하기 위해 왕권을 강화하며 중앙집권 체제를 구축했다. 극소수는 화려한 궁전에서 배불리 먹고 살았지만, 대다수는 온종일 들판을 경작하고 수로를 파면서도 작고 궁핍한 집에서 살았다. 잉여 농산물은 지배층에게만 돌아갔다. 한쪽으로는 사회 체제가 붕괴하기 시작했지만, 또 다른 쪽으로는 4대 문명이 탄생했다. 기후 변화로 사막이 넓어지면서 살 수 있는 땅이 줄어든 상황이 문명 탄생에 한몫을 한 셈이다. 이런 현상을 두고 역사의 아이러니라고 하는데, 역사 속의 흔한 풍경이다.

가뭄과 기근으로 멸망한 왕국

인구는 줄지 않는데 물이 마르고 기근이 자주 들자 자연히 내부 반란이 잦을 수밖에 없었다. 또한 주변 지역으로 곡물을 수출하기도 힘들어지자 생활이 어려워진 주변 이민족들이 4대 강 유역을 침략하기 시작했다. 4대 문명의 도시 국가는 내부 불만을 잠재우면서 주변 이민족과 거친 전쟁을 치러야 했다. 그래서 기후를 예고된 재앙이라고 한다.

세상을 바꾼 기후

메소포타미아 문명을 일구었던 수메르 제국은 강력한 전차를 만들어 전쟁에 사용했다. 그러나 기원전 3000년부터 중동의 날씨가 건조해져 밭에 물을 대지 못했다. 밭에 물이 빠지자 소금기가 올라와 상황이 더욱 나빠졌다. 신전마다 기후신들이 중심을 차지하게 된 것은 당연했다. 수메르의 대도시 움마와 라가시 사이에 수로의 물을 차지하기 위한 충돌이 일어났다. 라가시가 움마의 전사를 죽이자, 움마는 복수로 라가시의 수로를 파괴해 버렸다. 기원전 2000년 무렵에 아모리인들에 의해 수메르 제국이 멸망하고 바빌로니아 제국이 세워졌다. '비옥한 초승달 지대'라고 불렸던 메소포타미아 지역은 얼마 지나지 않아 이름이 무색하게 모래바람 날리는 풍광으로 변했다. 함무라비 왕이 법전을 만들고 강력한 통치력을 행사했으나, 그가 죽고 얼마 뒤 바빌로니아는 히타이트인들에 의해 무너지고 말았다. 이 혼돈의 연속은 물 부족으로 야기된 일이었다.

이집트 문명은 제12왕조 때까지 전성기를 누렸다. 그런데 13왕조(기원전 1782년~기원전 1650년)에 이르자 갑자기 왕이 자주 교체되고 사회가 혼란해졌다. 석판이나 석주에 새겨진 고대 이집트의 기록에서 기원전 2000년 이후에 나일 강 수위가 낮아졌고 큰 기근이 연이어 들었음을 확인할 수 있다. 실제 한 이집트인의 묘비석에는 이렇게 적혀 있다.

온 나라가 파멸의 나락으로 떨어졌지만 누구 하나 막는 사람이

| 귀스타브 도레, 「바빌론의 멸망」(1882)

세상을 바꾼 기후

없었다.…… 이집트의 강물은 바짝 말라 버렸다.

이때 이집트 사람들은 먹을 것을 찾아 각지로 흩어졌고, 곳곳에서 폭동이 일어났다. 태양신을 자처하며 강력한 통치력을 행사해 오던 파라오들은 통제 능력을 상실했다. 결국 동쪽에서 침입해 온 이민족들에 의해 이집트 고왕국과 중왕국은 멸망하고 말았다. 이집트 문명을 다룬 소설 『람세스』를 쓴 작가는 "알 수 없는 이유로 왕국이 쇠퇴하였다."라고 했지만, 나일 강의 범람을 멈추게 한 한랭 건조 기후가 이집트 왕국 멸망의 원인이었다.

기후 조건이 좋은 인도 북서부 인더스 강 유역에도 많은 사람들이 모여들어 하라파와 모헨조다로라는 거대 도시가 만들어졌다. 이들 도시는 기원전 2500년~기원전 1700년 사이에 번성했다. 광장을 중심으로 계획된 도시 시설과 수많은 건축물이 갖추어져 있었다. 그런데 갑자기 문명이 쇠퇴하더니 도시들이 한순간에 사라지고 말았다. 가뭄이 점점 잦아졌기 때문이다. 물 부족으로 농사 수확량이 줄어들어 많은 사람들을 부양할 수 없게 되었다. 초목이 우거진 땅이 모래로 뒤덮인 사막으로 변해 버렸고, 도시는 황폐화되어 사람들이 거주할 수 없는 곳이 되었다. 중앙아시아에서 내려와 뒤이어 이곳에 정착한 아리아인들도 메마른 강 때문에 거주지를 확장하지 못했다. 이들은 지구에서 유일하게 소고기를 먹지 않는 초식 문화를 태동시켰는데, 어쩌면 혹독한 가뭄의 아픈 추억에서 비롯되었는지도 모른다.

수천, 수만 년 전 기후를 어떻게 알 수 있을까?

　인간은 400여 년 전부터 온도계 같은 기상 관측 기구를 사용했지만, 체계적인 기록을 남긴 지는 사실 150년밖에 되지 않는다. 그렇지만 과학의 발달로 고⌐기후학이라는 학문이 발달하고 있고, 그 결과를 역사 해석에 도입하면서 그동안 미궁에 빠졌던 역사적 사실들이 생기를 더해 가고 있다.

　어제와 오늘, 올해와 작년의 날씨를 비교하는 것은 어렵지 않다. 그런데 기후는 장기간 날씨의 평균 상태이기 때문에 그 변화 정도를 알아내기가 쉽지 않다. 과학적인 관측 장비가 부족했던 시기의 기후 변화를 알기란 더더욱 어렵다. '역사에 없다'거나 '근래 본 적이 없다'는 식의 기록은 판단을 더욱 어렵게 한다.

　그렇다고 불가능하지는 않다. 일기, 연대기, 역사서, 작물 수확 문서, 곡물 가격 기록 등 오래된 기록은 과거 기후를 복원하는 데 기본이 된다. 이 외에 퇴적물, 퇴적층, 화석, 빙하, 나이테, 식생 분포, 개화 시기, 결빙 시기 등을 과학적으로 분석하여 과거 기후의 상태와 변화를 추정할 수 있다. 이런 연구 덕택으로 우리는 인류 역사의 많은 수수께끼를 풀어 낼 수 있다. 기후사의 재미가 바로 여기에 있다.

그 가운데 꽃가루를 분석하는 학문을 화분학Palynology이라고 한다. 꽃가루는 비를 맞으면 땅에 떨어져 물과 함께 호수로 들어가 밑바닥에 가라앉는다. 이듬해에 그 위에 또 꽃가루가 쌓이고, 해마다 똑같은 일이 반복된다. 그러면 1년을 주기로 꽃가루 퇴적층이 마치 나무의 나이테처럼 형성된다. 지금으로부터 몇 년 전에 어떤 꽃가루가 많고 적었는지를 표시한 도표는 그 지역의 장기간 식생 변화를 알려 준다. 식생의 유형은 온도와 강수량에 크게 의존하기 때문에 꽃가루 퇴적층 분석은 현재 고기후 연구 방법으로 널리 활용되고 있다. 만약 호수 퇴적층이 두껍게 형성되어 있는 데다 습지 식물 꽃가루가 많이 나오면, 그때의 기후가 온난 다습했다는 해석이 가능하다.

나무 나이테로도 당시의 기후를 알 수 있다. 보통 나이테는 일 년에 하나씩 생기는데 온도와 강수량에 따라 자라는 속도에 차이가 나며 그 기후 환경이 나이테에 고스란히 드러난다. 가뭄이 심하거나 혹독한 추위를 견뎌야 할 때는 나이테 간격이 촘촘하고 기후가 따뜻하고 비가 풍부하게 내릴 때는 나이테 간격이 넓게 만들어진다.

중국 문명

따뜻한 기후가 만든 황하 문명

오늘날 황하 유역은 춥고 건조해서 중국 땅에서는 북방에 속하는 지역으로 분류된다. 하지만 빙하기가 끝난 이후에는 기후가 점차 따뜻해져 평균 기온이 오늘날보다 2~3도 높았다고 한다. 코끼리가 노닐고 대나무가 무성할 정도로 따뜻한 지역이었다. 오늘날 남쪽 지역 식물로 알려진 대나무는 현재보다 훨씬 북쪽까지 올라가서 자라고 있었다. 대나무는 필기도구와 건축 재료 및 악기에 사용되어 수준 높은 문명을 만드는 데에 중요한 역할을 하였다. 특히 대나무 조각에 글자를 적은 죽간竹簡은 종이가 발명되기 전의 기록을 담고 있다.

기원전 3000년 무렵에 황하 유역의 온난 기후는 최고조에 달해 남쪽에 있는 양쯔 강 유역의 오늘날 기후와 흡사했다. 곳곳에 무성한 산림이 생겨 서식하는 동물군이 다양해졌고 강우량이 많아 늘 강물이 넘쳤다. 우리나라와 중국 사이의 바다를 '황해'黃海라고 부르는데, 황하가

| 황하가 황토물을 실어 날라 황하 유역은 토양이 비옥하다.

황토물을 실어 나르기 때문이다. 황하 유역 도처에 비옥한 충적토가 생겨 지금은 재배하지 않는 벼가 경작되었다. 벼농사 흔적을 발굴한 고고학자들은 전 세계가 깜짝 놀랄 대발견이라고 흥분했지만, 사실은 오늘날보다 따뜻한 기후의 결과였다. 또한 중국 고서적에 "황제의 부인인 서릉씨가 백성에게 양잠을 하고 고치를 켜서 의복을 만드는 것을 가르쳤다."라고 기록되어 있듯이 뽕나무를 심기도 했다. 양잠은 비교적 따뜻한 지역에서 가능하기 때문에 당시 중국 북쪽 지역 기후가 오늘날보다 따뜻했음에 분명하다. 이를 배경으로 하여 청동기가 사용되고 도시 국가가 발생했는데, 이를 중국 최초의 문명인 황하 문명이

라고 한다.

황하 문명 초기에 3황 5제라는 지도자가 있었다. 3황의 수인씨는 불을, 복희씨는 사냥을, 신농씨는 농사를 각각 가르쳐 문명의 틀을 마련했다. 이를 바탕으로 5제는 문명을 더욱 발전시켰다. 그 가운데 네 번째 임금인 요堯는 어질게 나라를 다스려 태평성대를 만들었다. 그런 요 임금에게 큰 골칫거리가 생겼다. 홍수가 하늘에까지 흘러넘쳐 높은 언덕을 침수시키고 백성들을 근심하게 했기 때문이다. 요 임금이 치수에 능한 자를 구하자 여러 신하들은 곤鯤을 추천했다. 그런데도 9년 동안 홍수가 끊이지 않고 일어났고 요 임금은 홍수를 다스리지 못한 채 세상을 뜨고 말았다. 뒤를 이은 순舜 임금도 마찬가지였다. 태평성대의 '요순시대'였지만 홍수는 골칫덩어리였다.

하지만 순 임금으로부터 왕위를 물려받은 우禹 임금은 홍수를 잘 다스려 마침내 하(夏, 기원전 2070년~기원전 1600년)나라를 세웠다. 그의 즉위와 건국 과정에 대해『사기』에는 다음과 같이 적혀 있다.

　　우는 치수 사업을 위해 육로는 수레를 타고 다니고, 수로는 배를 타고 다녔으며, 진창길은 썰매를 타고 다녔고, 산은 바닥에 쇠를 박은 신발을 신고 다녔다. 왼손에는 수준기와 먹줄을, 오른손에는 그림쇠와 곱자를 들고, 또한 사계절을 측량하는 기구를 가지고서 구주九州를 개척하고, 구천九川을 소통시키며, 구택九澤을 축조하고, 구산九山에 길을 뚫었다. 이와 같은 공로로 우는 순 임금으로부터 선양을 받아 임금의 자리에 나아가 결국 하 왕조를 열었다.

이 하나라가 중국 최초의 왕조라고 하는데, 황하를 중심으로 성장하던 도시 국가들을 통합한 것이다. 결과적으로 빙하기 이후 따뜻해진 기후가 황하 문명과 하나라를 등장시킨 셈이다.

코끼리가 사라지고 춘추전국시대가 열리다

하나라 다음의 은(殷, 기원전 1600년~기원전 1046년)나라 때까지 온난 다습한 기후가 이어졌다. 당시 황하 유역에는 물소와 코끼리가 살고 있었다. 오늘날 물소는 양쯔 강 남쪽 지역에서만 살고 코끼리는 열대 지역에서만 산다. 중국의 『여씨춘추』라는 책에 이런 구절이 있다.

은나라 사람이 코끼리에 멍에를 씌워 동이東夷에게 잔혹한 짓을 하자, 주공은 드디어 군대를 동원하여 은나라 사람을 추격해서 강남에까지 이르렀다.

당시에는 사냥한 코끼리에서 얻은 상아로 온갖 조각품과 술잔을 만들었고, 조상의 제사에 코끼리 고기를 올렸다. 또 은나라 사람들이 코뿔소에게 화살을 쏘거나 코뿔소를 잡았다는 기록도 많이 나온다. 따뜻한 날씨 덕택에 은나라는 갑골문자를 사용하고 화려한 청동기를 이용하였을 뿐만 아니라, 인류의 가장 기본적인 셈 방법인 10진법을 고안하여 오랫동안 번영을 누렸다.

하지만 기원전 1000년 이후부터 기후가 점차 한랭 건조해졌다. 대나무 분포 지역이 남쪽으로 내려왔고, 쌀과 과일의 수확 날짜가 늦어졌다. 건조 기후로 풀이 부족했던지 온순하던 코끼리가 성곽 안으로 침입하거나 농작물을 짓밟기도 했다. 그리고 남쪽으로 서식지를 옮기기 시작해 수세기 뒤에는 남쪽에서만 볼 수 있게 되었다. 코끼리는 추위에 약하고 습지나 물가를 좋아하기 때문에 현재는 미얀마 국경 지역에서만 산다. 이집트에도 코끼리가 많았는데 기원전 2600년 무렵에 모두 사라졌으니, 중국의 한랭 건조 기후가 중동이나 유럽보다는 다소 늦게 나타난 것이다.

기후가 차츰 한랭 건조해지면서 중국 역사는 소용돌이치기 시작했다. 건조하고 더 추워진 탓에 중앙아시아에서 기마민족이 침입해 들어와 주요 도시를 파괴했다. 은나라는 주술을 앞세운 잔혹한 압제 정치를 하다 멸망하고, 이어서 주(周, 기원전 1046년~기원전 770년)나라가 들어섰다. 주나라는 봉건제도와 종법제도를 실시하여 국가의 기틀을 다졌지만, 양쯔 강이 얼고 소와 말이 얼어 죽는 등 추위로 고통을 겪었다. 100년간 지속된 가뭄 끝에 민중 반란이 일어나 왕이 쫓겨나기까지 했다. 약세를 면치 못하다가 서쪽 유목민인 융적의 침입을 받고 동쪽으로 수도를 옮겼는데, 이때부터를 동주東周라고 한다(동쪽으로 수도를 옮기기 이전은 서주라고 한다). 동주 시대는 하루도 조용한 날이 없어

세상을 바꾼 기후

200여 개의 제후국들이 서로 다투는 춘추 시대(기원전 770년~기원전 403년)와 7개의 강국으로 통합된 전국 시대(기원전 403년~기원전 221년)가 펼쳐졌다. 각 군웅들은 철기를 보급하여 보다 강력한 무기와 농기구를 사용했고, 유능한 인재를 찾아 나섰는데 바로 이때 후대 동아시아 사회에 가장 큰 영향을 미친 공자와 맹자가 등용되었다. 부국강병에 성공한 진秦나라는 주변의 6국을 차례로 병합하여 마침내 중국 최초의 통일 제국을 세웠다. 이로 인해 기후 변화가 가한 충격이 일단락된 셈이다.

중국 역사와 기후

기후와 관련하여 중국의 역사 변화 구조는 간단하다. 중국 역사의 중심지는 중원이라는 한 통의 넓은 평원이라 가뭄이나 한파에 한꺼번에 휩쓸리게 되어 있다. 큰 산이나 강으로 구역이 잘게 쪼개져 있으면 이쪽은 피해를 입어도 저쪽은 덜 입는데 중국 왕조는 재해에 약할 수밖에 없었던 것이다.

대부분의 정치 격변은 장기적인 한랭 건조 기후와 그로 인한 심각한 기근으로 발생했다. 후한 말의 황건적의 난, 명 말의 이자성의 난, 청 말의 태평천국의 난 등이 이를 잘 증명해 준다.

기후 변화로 인한 민족의 이동 또한 중국 역사를 움직인 한 요인이었다. 목초지로 뒤덮여 있는 북중국 일대와 그 위 지역의 기후가 한랭 건조해지면 유목민들은 남쪽으로 이주하거나 침략을 시도했다. 반면에 기후가 따뜻해지고 습해지면 주로 농사를 지으며 사는 한족 세력이 북쪽 지역이나 경우에 따라서는 서쪽 지역으로 다시 팽창했다. 한족이 농업 생산력 하락으로 힘이 약해지거나 건조하고 한랭한 기후로 인해 국경 북쪽의 목초지가 줄어들면 중국은 유목민 이동의 압력을 받았다는 말이다.

가령 기원전 3세기~기원후 3세기 무렵 추운 기후 때문에 압박을 가하는 융족과 흉노족에 의해 진과 한이라는 최초 제국의 분열이 발생했다. 이와 마찬가지로 북쪽에서 내려온 거란과 여진과 몽골에 의해 12세기 이후 송 제국이 몰락한 배경에도 춥고 견디기 힘든 날씨가 있었다. 명나라가 여진이 세운 청나라로 교체된 것도 마찬가지이다.

일반적으로 목축을 하는 유목민들은 조직력과 무기를 다루는 솜씨가 뛰어나다. 그런 경험을 토대로 그들은 한족 농경민을 쉽게 제압했다. 하지만 그들은 한 마리 동물에서는 1년에 기껏해야 한두 마리 또는 서너 마리 새끼를 얻지만 한 알의 씨앗에서는 70알 가까운 보리 또는 그 이상의 쌀이 나온다는 사실을 너무 쉽게 생각했다. 관개수로로 물만 공급되면 풍부한 수확을 올릴 수 있는 놀라운 농업 생산력을 갖춘 한족에게 유목민은 곧 제압당하고 말았다. 그래서 중국 역사는 한족 농경민과 북방 유목민이 서로 세력을 주고받는 형태였지만 주도권은 늘 한족 농경민에게 있었다.

후빙기 시작	기원전 8000년경	벼농사 시작 추정
기후 최적기(최온난기) 대홍수	기원전 5000~3000년경	
	기원전 3500년경	메소포타미아 문명 탄생
건조 기후 시작	기원전 3000년경	
	기원전 2000년경	이집트 문명 동요 하나라 건국
	기원전 1700년경	인더스 문명 동요
	기원전 1600년경	은나라 건국
중국 한랭 건조 기후 시작	기원전 1000년경	중국 코끼리 실종, 유목민 남하

2
한랭건조,
고대를 뒤흔들다

"아시아 유목민들이 살던 중앙아시아의 목초지가
말라 버린 것이 야만인 부족들을 서쪽의 유럽으로
이동시켜 게르만 민족의 대이동을 가져왔다."

– 새뮤얼 헌팅턴

기후는 일정하지 않고 온난 습윤기와 한랭 건조기를 반복했다. 한랭 건조 기후는 메소포타미아 문명과 이집트 문명을 휘청거리게 했다. 그 사이에 인근 지역에 미노아 문명과 미케네 문명 등 유럽 문화가 싹트고 있었다. 크레타 섬의 미노아 문명이 화산재에 뒤덮여 숨을 못 쉬고 있자, 발칸 반도에서 화려한 미케네 문명이 일어났다. 하지만 가뭄과 기근으로 미케네 문명은 붕괴되고 그 지역에 여러 도시 국가가 나타나 그리스 문명이 일어났다. 그리스 문명은 번영을 누리며 인간 중심의 문화를 발전시켰다.

그리스인이 지중해 곳곳에 도시 국가를 건설하고 있을 무렵, 라틴인은 서쪽의 이탈리아 반도 중부에 로마를 세웠다. 기원전 2세기부터 기원후 2세기까지 지중해 지역은 기후가 다른 지역보다 생활하기에 더 유리하여 로마는 최고의 전성기를 누릴 수 있었다. 그래서 이 시기를 기후사 측면에서 '로마시대 기후 최적기' 또는 '로마시대 온난기'라고 한다. 온난한 기후 덕분에 로마인은 겨울에도 알프스 산맥을 넘어 북유럽 지역을 통치하며 거대한 로마 제국을 건설했다. 그리고 북아프리카를 식량 창고로 삼았는데, 오늘날은 불가능한 기적 같은 일이다.

하지만 기후의 역전으로 로마의 번영도 끝나고 말았다. "훈족은 알라니족에게로, 알라니족은 고트족에게로, 고트족은 타이팔족과 사르마샤족에게로 덤벼들었다. 본거지에서 쫓겨난 고트족들은 일리리쿰에서 우리 로마인들을 밀어냈다. 그리고 그것은 끝이 없었다." 로마의 한 역사가가 남긴 글처럼 연쇄 반응에 의해 민족이 이동하고 로마가 무너졌다. 그 단초를 연 것은 흉노의 한 갈래인 훈족이고, 훈족을 움직인 것은 한랭 건조 기후였다.

미케네 문명에서
그리스 탄생까지

미케네 문명이 사라진 이유

유럽 문화의 기원은 그리스와 로마 문명에 있다. 그리스 문명 이전에
그리스 땅에는 청동기를 바탕으로 하는 미노아 문명, 미케네 문명이
있었다. 이들 두 문명이 유럽 문화의 근원인 셈이다.

미노아 문명은 기원전 3000년 무렵에 에게 해에 위치한 크레타 섬
에 들어섰다. 크노소스 궁전 터를 보면 그들 문화의 우수성을 알 수 있
다. 그런데 미노아 문명은 계속되는 지진 등의 자연재해로 큰 손실을
입었다. 기원전 1450년 무렵 에게 해에서 거대한 화산 폭발이 일어났
다. 크레타 섬과 그 주변이 화산재로 뒤덮였고, 초목이 메마르고 산불
이 곳곳을 덮쳤다. 화산재가 하늘을 뒤덮어 기온이 떨어졌고, 해일이
발생하여 섬 곳곳을 쓸고 갔다. 휘청거리던 미노아 문명은 그리스 본
토에서 일어난 미케네 문명에 의해 멸망되고 말았다.

미케네 문명은 기원전 2000년 무렵에 그리스의 펠로폰네소스 반

도에서 일어났다. 그러나 철제 무기를 사용하는 도리아인이 북쪽에서 내려와 미케네 문명을 파괴한 뒤로 한동안 암흑시대가 이어졌다. 그 후 그리스 본토 곳곳에서는 폴리스라는 도시 국가가 나타났다. 이 폴리스를 중심으로 그리스 문명은 화려하게 피어났다. 교과서에는 이처럼 미케네 문명이 도리아인에 의해 파괴되었다고 나온다. 하지만 과연 그럴까?

아테네에서 남서쪽으로 100여 킬로미터 떨어진 태양의 평원이라는 곳에 고대 도시 미케네의 유적이 있다. 견고한 성벽과 성문, 거대한 궁전과 신전, 황금 가면 부장품과 기하학무늬 도기에서 미케네 문명이 얼마나 찬란했는지 볼 수 있다. 미케네는 소아시아 서부 해안에 진출하고 이집트에 도자기를 수출하는 등 지중해 연안을 세력권으로 삼았다.

그런데 기원전 1200년 무렵부터 주요 궁궐과 곡물 창고가 공격을 받고 불에 타 급격히 쇠퇴하다가 100여 년 만에 멸망하고 말았다. 트로이 전쟁, 지진, 청동 고갈 등이 원인으로 지적된 바 있지만, 아무도 쇠퇴와 멸망의 원인에 대해 정확하게 모른다. 수백 년 후에 도리아인이 그리스의 펠로폰네소스를 차지했기 때문에 도리아인 침략설이 당연한 사실처럼 받아들여졌다. 그러나 근래 몇몇 학자들이 이 견해에 의문을 제기했다. 상당히 오랫동안 도리아인이 미케네에 거주하지 않았거나 미케네로 진입하기가 용이하지 않았다는 점 때문이다. 한마디로 미케네는 침략자들이 없는 안전 지대였다.

| 미케네 문명의 찬란함을 보여 주는 황금 가면과 견고한 성문

세상을 바꾼 기후

미케네 지역에 장기간 큰 가뭄이 들었다는 사실을 알게 되면서 쇠퇴 원인이 서서히 풀리기 시작했다. 그리스 서쪽에서 부는 바람이 산을 넘으면서 산자락에 많은 비를 뿌리고, 산 넘어 미케네 지역에는 건조한 공기만을 가져다주었다. 자연히 미케네는 서쪽 스파르타나 동쪽 아테네보다 현저하게 강우량이 적어 가뭄이 발생할 수밖에 없었다. 이는 사하라의 건조한 사막풍이 북쪽으로 이동한 것과 직접적인 관련이 있다고 한다. 수세기 뒤에 아리스토텔레스가 과거의 모습을 추측하여 『기상학』에 다음의 기록을 남겼다.

앞서 좋은 기후를 향유하던 장소들이 퇴락하고 말라 간다. 이러한 일이 그리스의 아르고스와 미케네 주변지에서 벌어져 왔다. 트로이 전쟁 시대에 아르고스는 축축한 늪지로, 오직 극소수의 생명만을 살게 했던 반면, 미케네는 좋은 땅이라 더 유명했다. 이제 상황은 뒤바뀌었으니…… 미케네는 산출이 적은 완전히 마른 땅이 되었고…… 이 작은 땅에서 벌어져 온 일은 더 큰 땅과 나라 전체에서 벌어지리라 기대되는 바이다.

상황이 완전히 바뀌어 가뭄이 계속되고 흉년이 이어졌다. 비축한 곡식이 바닥나고, 곡물 수입도 기대할 수 없었다. 혹독한 기근이 찾아왔다. 굶주린 미케네 사람들은 먹을 것을 달라고 외치며 폭동을 일으켰다. 폭도들은 자신들의 궁궐과 창고에 불을 질러 조국을 멸망으로 이끌었다.

지중해 동부에 닥친 가뭄의 충격

인류 역사에 가장 강력한 타격을 가한 날씨 현상을 들라면 당연히 가뭄일 것이다. 가뭄은 당장 농사에 피해를 준다. 그리고 바다에 민물이 공급되지 않으면 어패류가 영양실조에 걸리므로 어업에도 지장이 있다. 계곡물이 마르면서 개구리 등이 떼죽음을 당해 생태계가 비명을 지르는 단계에까지 이른다. 생명의 씨를 말리는 긴 가뭄은 산 자들로 하여금 더 독한 독을 품게 하여 각종 질병을 확산시킨다.

기원전 1200년 무렵 미케네 문명이 몰락해 가던 때 지중해 동부 지역에도 장기간 큰 가뭄이 들었다. 메소포타미아 지역에서는 보리 수확을 시작하는 평균 날짜가 1개월 이상 늦어졌다.

그동안 용감한 기질과 무서운 전차로 강력한 국력을 자랑하던 소아시아의 히타이트 제국은 가뭄으로 인해 갑자기 쇠퇴했다. 히타이트는 굶어 죽지 않기 위해 이집트에 긴급히 식량을 요청했고, 정체도 모르는 북방 이민족의 침입을 받았다. 사정이 나아지지 않자 고향인 아나톨리아 고원을 포기하고 북부 시리아로 이주했다. 유럽과 아시아를 연결하는 교통의 요지이자 농지가 비옥한 아나톨리아를 포기했다는 것은 그만큼 상황이 급박했다는 뜻이다. 히타이트의 쇠퇴를 틈타 중동의 새로운 강자로 부상한 아시리아도 어려운 시기를 맞았다. 아시리아는 메소포타미아 지역의 분열을 종식시키고 최초로 오리엔트 전 지역을 통일한 왕조이다. 그런 아시리아가 기근으로 갑자기 침체기에 빠졌고, 주변 민족의 침입에 시달리기까지 했다. 이집트는 그나마 살아남았지만 외부 침략자들을 격퇴하느라 애를 먹었다.

지중해 동부 전역이 가뭄으로 몸살을 앓았다. 히타이트와 이집트의 세력이 약해지자, 지중해 동부 지역에서 페니키아가 새로운 강자로 떠올랐다. 페니키아는 활발한 해상 무역을 하면서 식민지를 건설하여 메소포타미아와 이집트의 수준 높은 문화와 지식을 지중해 지역으로 전파했다.

이러한 격변기에는 보다 강력한 무기가 절실히 필요하다. 그 결과 청동보다 강도가 더 센 철제 무기가 등장했다. 세계에서 가장 먼저 철기 제조법을 개발한 나라는 히타이트이다. 기원전 1200년 무렵에 히타이트가 쇠락하자, 철기는 사방으로 퍼져나갔다. 철기 시대의 시작과 함께 정복 전쟁이 활발해지고 농업 생산량이 증가하면서 새로운 왕국들이 곳곳에 등장하기 시작했다. 서양에서 그리스가 등장하고 중국에서 춘추 시대가 펼쳐진 것은 철기 문화가 보급되었기에 가능했다. 결국 가뭄과 기근을 몰고 온 건조 기후가 철기 시대를 연 것이다.

후빙기 이후 온난하고 다습한 기후 속에서 풍요로움을 누리던 인류는 처음으로 충격적인 가뭄과 기근을 경험했다. 기근은 항상 사회적 혼란을 초래했는데 사람들이 곡물을 약탈하고 부자를 공격했다. 또한 전염병이 퍼질 가능성이 커진다. 게다가 기근으로 사람들이 대규모로 이동하기 때문에 사정은 더욱 악화된다. 기근의 역사는 인류사의 비극이었다. 최악의 경우 문명이 붕괴될 수 있다. 그러나 철기 시대의 도래와 같은 새로운 차원의 문명이 나타날 수도 있다.

그리스 문명의 발생

기원전 800년 무렵에 그리스 본토 곳곳에 도리아인이 세운 폴리스(도시 국가)가 출현하면서 그리스 문명이 탄생했다. 미케네 문명이 가뭄으로 붕괴되고 그 자리에 그리스 문명이 들어선 셈이다.

주로 해안가에 위치한 폴리스는 성벽으로 둘러싸인 도시와 그 외곽의 농촌으로 나뉘었다. 도시의 중심 언덕에는 수호신을 모신 아크로폴리스(신전)가 있었으며, 그 주변에는 시민들의 공공 활동이 이루어지는 아고라(광장)가 있었다. 그리스 문명은 이러한 폴리스를 중심으로 화려하게 피어났다.

그리스의 많은 폴리스 가운데 아테네와 스파르타가 두각을 나타냈다. 이 두 폴리스는 여러 면에서 대조적이었다. 아테네는 민주 정치가 발달한 반면, 스파르타는 엄격한 군사 국가였다. 기원전 500년 무렵 페르시아의 침공을 물리친 아테네가 다른 폴리스들과 연합하여 델로스 동맹을 맺자, 스파르타는 펠로폰네소스 동맹을 맺어 대응했다. 이후 스파르타는 강력한 군사력을 바탕으로 펠로폰네소스 전쟁을 일으켜 아테네를 누르고 그리스의 패권을 차지했다.

그리스는 목재로 배를 만드는 기술을 익혀 바다로 나가 지중해 연안에 식민 도시를 건설했고, 땔나무로 만든 청동기와 도기를 식민지에 수출하여 호황을 누렸다. 그러나 폴리스 간의 전쟁이 계속되고, 청동기와 도기를 만드느라 숲을 대거 파괴한 죄로 가뭄을 겪으면서 쇠퇴해 갔다. 그렇지만 혼돈 속에서 지성이 꽃피우듯이, 이때 소크라테스와 플라톤이 나타났다. 쇠약해진 그리스는 기원전 338년에 북쪽에서 일어난 마케도니아에 의해 무너졌다. 마케도니아의 알렉산더 왕은 뒤이어 페르시아를 물리친 다음, 이집트를 거쳐 인도의 인더스 강에 이르는 넓은 영토를 차지하여 유럽, 아시아, 아프리카 세 대륙에 걸친 대제국을 건설했다. 그러나 알렉산더가 죽은 뒤 세 왕국으로 나뉘어 발전하다가 모두 로마에 흡수되었다. 그리스에서 비롯된 고대 지중해 세계의 문화는 로마를 거쳐 오늘날 서양 문화의 밑바탕이 되었다.

로마 문명의 번영

로마의 탄생과 번영

로마는 그리스보다 100년 가까이 뒤늦은 기원전 8세기 무렵에 티베르 강가 언덕의 작은 도시 국가에서 출발했다. 처음에는 귀족들이 정치를 독점했지만, 점차 공화정을 발전시키고 시민권을 확대했다. 특히 평민들이 중무장하고 국방의 중심에 서면서 평민들의 지위가 향상되었다. 이를 토대로 로마는 기원전 3세기에 이탈리아 반도를 통일하고 지중해로 나아갔다. 지중해 무역을 독점하고 있던 카르타고와 포에니 전쟁(기원전 264년~기원전 146년)을 치러 승리한 다음 헬레니즘 세계마저 정복하여 지중해 전 지역의 패권을 차지하게 되었다. 로마가 지중해 일대를 장악하면서 지중해는 로마 제국에 둘러싸인 하나의 커다란 호수와 같았다.

　　로마는 지중해의 패권을 차지했지만 안으로는 여러 어려움이 있었다. 소수 귀족들은 정복 사업으로 얻은 광대한 토지를 독차지하고 노예를 이용하여 대농장을 경영한 반면에 자영 농민들은 오랜 전쟁으로 지치고 토지까지 잃어 경제적으로 몰락해 갔다. 빈부 격차가 심해지면서 100여 년 동안 로마는 내란에 휩싸였다. 호민관인 그라쿠스 형제는 대토지를 몰수해 농지 개혁을 실시하고 곡물 배급 등을 추진했으나 반대파의 방해로 실패하고 말았다. 특히 검투사 스파르타쿠스가 이끈 대규모 노예 반란은 한때 로마를 공포에 떨게 했다. 그를 따르는 이가 무려 12만 명에 달했다고 하니, 그 위세가 대단했음을 알 수 있다.

기원전 27년에 옥타비아누스가 이 혼란을 수습하고서 공화정을 폐기하고 제정을 실시했다. 이때부터 약 200년 동안 '로마의 평화'가 이어졌다. 로마 문화는 황금기를 누렸고 영토는 최대에 이르렀다. 상공업과 동서 무역도 크게 발달했다. 거대한 중앙 건물과 정원, 도서관, 연회장 등을 갖춘 로마의 목욕탕은 사치스럽고 쾌락적이었던 당시 귀족들의 생활상을 말해 준다. 전차 경주와 검투 경기는 로마인들에게 빼놓을 수 없는 여흥이었다. 1세기에 창작된 『사티리콘』이라는 문학 작품 속에 묘사된 로마인의 저녁 연회 식탁을 들여다보면, 옛 그리스 식민지에서 수입한 양고기, 아테네에서 수입한 꿀, 인도에서 특별히 주문한 종균으로 재배한 버섯 등 대부분 수입한 음식이 식탁에 올랐다. 호화롭기 짝이 없는 밥상은 로마가 얼마나 번영했는지를 보여 준다.

로마의 번영을 가져온 기후 최적기

로마의 번영은 로마인들의 실용적인 정신에 기인하기도 하지만, 기후가 가져다 준 선물이기도 했다. 로마가 성장하고 번영을 누렸던 기원전 2세기부터 기원후 2세기에 유럽 지역은 이전보다 더 따뜻하고 비가 많이 내렸다. 날씨가 따뜻해져 빙하가 녹은 탓에 덴마크의 해수면이 상승하여 범람하는 일이 잦았다. 이집트 지역에서는 거의 매달 비가 내렸고 여름철에는 더운 날이 빈번했다.

중세 온난기나 20세기의 날씨와 다르지 않을 정도였다. 이로 인해 그리스와 북아프리카 지역의 토양이 비옥해졌다. 이들 지역에서 생산된 농산물이 값싸게 로마로 대거 수입되어 로마 번영의 밑바탕이 되었다. 로마는 자체 농지만으로는 감당할 수 없을 정도로 인구가 늘어났기 때문에 수입 곡물 없이는 버틸 수 없었다. 그런데 수입 곡물이 너무 많이 들어오는 바람에 로마 곡물가가 폭락해 자영 농민들이 피해를 입을 정도였다.

또한 중국으로 통하는 비단길 주변에는 현재보다 물이 많아 도로를 따라 도시가 형성되었다. 그 덕택에 낙타 대상隊商을 이용하여 인도와 중국의 호화 사치품이 로마로 들어올 수 있었다. 2세기에 국외 추방을 당한 로마의 정치가 푸블리우스 아에리우스 아리스티데스는 다음과 같이 기록했다.

모든 것을 보고 싶다면 세상을 여행하든지 아니면 로마에 와서

| 로마의 풍요로움을 보여 주는 원형 경기장

살아라. 로마에서는 인도와 아라비아에서 들여온 수많은 것을 볼 수 있다.

－『음식의 제국』

얼마 지나지 않아 초원이 메말라 교역로가 폐쇄되었던 점을 상기하면, 로마는 참 운이 좋았다. 비단길을 개척한 나라는 중국의 한(漢, 기원전 202년~기원후 220년)나라이다. 춘추전국 시대를 통일한 진나라는 곧 멸망하고 한나라가 등장했다. 한나라는 대제국을 건설하여 후대 중국의 영역과 민족의 근간을 만들었다. 그래서 중국 민족을 한족漢族이라고 한다. 이 한나라와 로마가 거의 같은 시기에 전성기를 맞이한 것은 결코 우연이 아니다.

따뜻한 날씨 덕택에 로마의 곡물 농사는 늘 풍년이었다. 이전에 숲과 목초지로 뒤덮여 있던 이탈리아 반도 북쪽에서도 난대성 작물인 포도와 올리브가 재배되었다. 포도와 올리브는 돈이 되는 작물이었기 때문에 대지주들은 북쪽까지 경작지를 확산시켰다. 특히 포도 농사는 급속하게 확산되었다. 도미티아누스 황제(재위 81년~96년)는 칙령을 반포하여 북쪽으로 포도 재배가 확산되는 것을 금지했다. 독일과 잉글랜드에 포도 재배를 도입한 것은 이때의 로마인들이었다. 포도주가 유럽 사람들의 식탁에 올라오게 된 것은 순전히 로마인의 공로였다.

따뜻함의 역습

로마에서 올리브와 포도 재배지가 확대되었다는 점을 말하고 나니, 요즘 우리나라 농사 지도가 변하고 있다는 최근의 언론 보도가 생각난다.

먹거리 명산지가 대이동하고 있다. 서해안 굴비가 미시령을 넘어 동해안 고지대로 가고, 사과 산지는 대한민국 최북단 비무장지대 DMZ 바로 앞까지 북진했다. 제주도가 아니라 전라도와 충청도에서 자라는 '육지 한라봉'도 각광받고 있다. 지구온난화 현상으로 한파와 폭설, 평균 기온 상승 등 이상 기후가 생태계를 바꿔놓은 가운데 더 나은 품질의 먹거리를 만들려고 애쓴 사람들의 땀방울이 거둔 결과다.

— 중앙일보 2013년 2월 12일

기후 변화에 따른 먹거리 대이동이 앞으로 우리에게 득이 될지 해가 될지 속단할 수는 없지만, 우리 식탁을 풍요롭게 해 주고 있는 것만은 분명하다. 지중해 사람들도 기원전 2세기~기원후 2세기 사이에 온난한 기후 덕택에 풍요로운 전성기를 누렸다. 그렇다고 그로 인한 문제가 없지는 않았다. 로마 시대의 온난기 동안 해수면이 1미터 정도 상승해 지중해 해안에 있는 항구 시설이 물에 잠겼다. 하지만 이런 피해를 상쇄할 만큼 다른 수입이 많아 로마 사회에 그리 큰 충격을 주지는 않았다.

진짜 문제는 기온이 상승하면서 로마 말기에 여러 종류의 전염병이 발생한 것이다. 2세기 후반에 이집트 여러 지역에 에티오피아에서 전해진 전염병이 돌아 인구가 3분의 1로 감소했고, 마케도니아에서 페스트가 전해져 로마 제국의 넓은 영역에 퍼졌다. 3세기 중반에는 이탈리아와 아프리카에 더 나쁜 전염병이 퍼졌다. 당시 보고에 따르면 로마에서 사망자 수가 하루에 5,000명에 달하기도 했다. 병균의 정체와 피해 규모에 대한 구체적인 기록이 없어 정확한 실상을 알 수 없지만, 대단한 위력이었던 것만은 분명하다. 따뜻함의 역습이었다.

제국의 하락이 추락으로 바뀌어 갈 즈음에 로마 온난기도 끝났다.

기원후 300년 무렵엔 기후가 이전보다 훨씬 더 추워졌다. 추운 날씨는 작물의 생장 기간만 단축시킨 게 아니었다. 강우량도 줄었고, 작물 재배 한계선도 끌어내렸다. 결국 기존의 북부 농경지가 황무지로 바뀌게 되었다.

로마 제국은 휘청거리고 있었다. 해외에서 들여오는 곡물도 시원치 않았다. 아프리카 북부도 가뭄으로 시달리고 있었음에 분명하다. 결국 기근이 로마를 덮쳤다. 로마는 먹을 것을 달라며 봉기를 일으킨 민중 시위대 때문에 골머리를 앓아야 했고, 이방인을 추방하여 입을 줄임으로써 사태를 수습하려고 했다. 동시에 한랭 기후로 경작지와 목초지를 잃은 게르만족이 로마 언저리를 맴돌고 있었다. 로마는 게르만족을 받아들이기도 하고 추방하기도 했다. 바로 이어 말라리아가 로마에 창궐했다. 말라리아는 감염된 사람의 두개골에 구멍을 낼 정도로 치명적이었다. 이렇게 휘청거리던 로마는 훈족의 강편치를 맞고 멸망하고 말았다.

번영을 누리던 로마는 3세기부터 몰락의 길을 걷기 시작했다. 권력 다툼과 빈부 격차 심화, 속주의 독립과 이민족의 위협 등으로 고통을 겪어야 했다. 수도를 비잔티움으로 옮기고 강력한 개혁을 추진하는 한편, 크리스트교를 공인하여 제국의 정신적 부흥을 꾀했으나 로마 제국은 395년에 동서로 갈라지고 말았다.

민족 대이동

추위, 흉노족을 뒤흔들다

이명박 정부는 출범하자마자 광우병 파동과 촛불 시위로 곤혹을 치렀다. 어느 정도 극복해 가던 2010년에 구제역이 발생하여 또다시 위기에 빠졌다. 구제역이란 발굽이 두 개로 갈라져 있는 동물에서 발생하는 가축병으로, 감염 속도가 빠른 데다 폐사율까지 높을 뿐만 아니라 사람에게 감염될 수 있다는 소문 때문에 국민 불안감이 극도로 높아졌다. 정부는 조속한 차단을 위해 무차별 살처분을 하여 무려 348만 마리의 소와 돼지를 매몰했다. 전체 피해액이 3조 원가량 되고 매몰 돼지는 국내 사육 두수의 35퍼센트 정도여서 국내 축산 기반을 흔들었다. 만약 돼지를 주요 경제 기반으로 하는 사회에서 이런 일이 발생했다면, 그 사회가 온전하게 지탱될 수 있을까? 이보다 더 나쁜 일이 바로 흉노에게 일어났다.

한나라의 이릉이 흉노를 정벌하러 나갔다가 투항하자 황제가 그의 가족을 죽이려고 했다. 그때 사마천이 친구 이릉을 변호하다 생식기를 절단당하는 궁형을 받았다. 치욕스러운 형벌을 당한 상태에서 사마천은 동양 최고의 역사책인 『사기』를 지었다. 사마천은 『사기』에 흉노에 관한 최초의 종합 기록인 「흉노열전」을 수록했다.

흉노는 기마 전술과 철제 무기를 갖춰 전투력과 용맹성이 뛰어난 민족이었다. 다른 나라 왕을 죽이고 그 두개골을 술잔으로 삼을 만큼 잔인한 면도 있었다. 흉노는 막강한 군사력으로 몽골 고원의 첫 번째 주인이 된 다음 중국을 끊임없이 괴롭혔다. 진나라의 시황제는 흉노의 침입을 막기 위해 만리장성을 쌓았다. 진나라에 이어 한나라가 들어섰고, 추위와 가뭄이 번갈아 들이닥치자 식량 사정이 어려워진 흉노를 비롯한 주변 이민족이 대대적으로 한나라를 침입했다. 한 무제_{武帝}는 국력을 총동원하여 흉노를 정벌했다. 장건이 기원전 139년에 군사를 거느리고 원정길에 나섰고, 뒤이어 이릉도 출병했다. 한무제는 "종기는 근원까지 도려내야 후환이 없다. 강력하게 공격하여 흉노의 본거지를 쓸어 버려라."라고 하며 고비 사막을 넘어 흉노의 본거지인 몽골 초원까지 공격해 들어갔다.

이후 흉노는 현저하게 쇠퇴했다. 한나라의 공격도 있었지만, 주요 요인은 극심한 천재지변이었다. 흉노 영내에 수개월에 걸쳐서 눈이 그치지 않아 가축들은 죽고, 백성들은 병에 걸리고, 곡식은 열리지 않았다고 한다. 계속된 가뭄과 추위로 경제 상황이 악화될 수밖에 없었다. 이를 안 한나라는 기원전 71년에 기습을 감행하여 3만 9,000여 명을 포획하고 말, 소, 양 등 가축 70여 만 마리를 포획했다. 흉노에 복속되어 있던 주변의 여러 민족도 흉노를 공격하였다. 한나라의 공격은 물론이고 기아와 한파에 따른 피해도 이어져 백성의 30퍼센트, 가축의 50퍼센트가 죽었다.

> 흉노국은 매년 가뭄과 해충의 습격으로 헐벗은 땅이 수천 리에 달하고 초목은 전부 말라 버려 사람도 가축도 기아와 질병으로 사망한 수가 전체의 3분의 2에 이르렀다.
>
> −『후한서』 남흉노전

오늘날 기후학자들은 기원전 29년부터 기원후 219년까지 중국 기후가 한랭 건조했다고 말한다. 유럽 기후와는 딴판이었는데(이런 현상을 기후의 비대칭성이라고 한다), 흉노가 그 직격탄을 맞고 휘청거렸던 것이다.

그 와중에 선우單于라는 왕 자리를 차지하기 위한 내분까지 일어나 마침내 48년에 남흉노와 북흉노로 분열되었다. 내몽골 지구와 화북 지역에 자리 잡은 남흉노는 후한에 항복하고 유목민의 특성을 잃어 갔다. 이제 흉노라면 외몽골(몽골 영역 가운데 고비 사막 북쪽의 옛 이름)의 패권을 잡은 북흉노를 말한다.

흉노족, 게르만족을 움직이다

흉노(북흉노)는 91년에 고향인 몽골 고원을 버리고 서쪽의 이리(현재 신장 위구르 자치구 서쪽과 투르키스탄 동쪽) 지역으로 이동했다. 중앙아시아의 주인이 되었지만, 여러 부족들이 연립하는 상태였기에 강력한 통치력을 발휘하지 못했다. 158년에는 이리 지역을 버리고 더 서쪽으로 이동해 강거(현재 우즈베키스탄과 카자흐스탄) 지역에 정착했다. 서쪽으로 계속 이동한 무리는 375년에 러시아 남부 돈 강 유역을 장악했다. 그들은 로마의 대상들이 중국과 교역하던 실크로드를 막아 로마의 돈줄을 끊어 버렸다. 흉노는 다시 서쪽 깊숙한 동유럽으로 쳐들어갔다. 계속되는 건조 기후로 중앙아시아의 목초지가 말라 버렸기 때문이다. 그들은 마침내 도나우 강이 흐르는 판노니아 평원을 점령했다. 인류 역사에 나타난 민족 이동의 길을 보면 추위 때문에 북쪽에서 남쪽으로 이동하는 경우가 있는가 하면 가뭄 때문에 동쪽에서 서쪽으로 이동하는 경우가 있는데, 흉노는 후자의 경우이다.

지금까지의 기나긴 흉노의 이동은 서곡에 불과하다. 이제부터는 유럽을 뿌리째 흔들며 역사 변화의 중심부에 서게 된다. 이 흉노 일파를 유럽 사람들은 훈Hun 족이라고 했다. 그래서 판노니아 평원이 나중에 헝가리Hungary로 불리게 되었다. 헝가리는 훈족의 고장인 셈이다. 훈족은 유럽을 강력하게 몰아붙여 유럽인들을 공포에 떨게 했다. 유럽인에게 훈족은 괴물 같은 존재였다. 로마 역사가 요르다네스는 저서 『게티카』에서 다음과 같이 묘사했다.

그들은 아이가 태어나면 쇠붙이로 아이의 뺨에 깊은 상처를 내어 어른이 된 다음에 수염이 날 때에도 주름진 상처로 인해 털이 제대로 자라지 못하도록 했다. 그래서 늙어서도 얼굴에 수염이 없는 그들은 흉물스럽게 되고, 내시처럼 보이기에 역겨운 모습이다.

훈족에 밀려 판노니아 평원에 살던 게르만계의 고트족이나 반달족이 서쪽 로마 영내로 이동하며 '민족 대이동'이 시작되었다. 게르만족은 로마 제국 안에 많은 왕국을 세우더니 마침내 로마마저 멸망시켰다.

훈족의 왕위에 오른 아틸라는 5세기 중엽에 유럽 대부분을 유린했다. 그는 이때 일어난 '사회적 혼란'의 종결자 역할을 한 셈이다. 비잔틴 역사가 프리스쿠스는 아틸라의 궁정 생활에 대해 다음과 같은 기록을 남겼다.

아틸라의 궁전은 큰 마을의 한가운데 있었는데, 다른 건물들보다 높은 곳에 있었고 나무판자로 울타리를 세웠다. 울타리 군데군데에 있는 나무 탑은 방어용이라기보다는 장식용이었다. 울타리 안쪽에는 수많은 건물들이 있었다. 어떤 건물은 조각을 한 각목과 무늬목을 붙인 각목으로 되어 있었고, 어떤 건물들은 일정한 간격을 두고 나란히 세워진 매끄러운 각목 위에 위엄 있게 높이 솟은 나무 아치로 장식을 했다. 그곳에는 아틸라의 부인이 살고 있었다.

아틸라 사망 이후 훈족은 쇠퇴하여 일부만 남고 대다수는 다시 아시아로 돌아왔다. 이를 두고 당시 유럽 작가는 '신의 징벌'이라고 말했다.

기후 변화와 식량 부족에서 시작된 훈족의 이동은 수백 년에 걸쳐 이루어졌고 도미노처럼 다른 민족을 이동하게 했다. 민족의 이동은 연쇄적으로 역사의 변화를 가져왔다.

게르만족, 로마를 무너뜨리다

게르만족은 원래 발트 해 연안의 유럽 북부 지방에서 수렵과 목축을 하며 살아가고 있었다. 그러다가 점차 인구가 늘어나고 농업의 비중이 커지자, 더 나은 주거지를 찾아 남쪽과 동쪽으로 이동하기 시작했다. 로마 제국이 전성기를 누리던 1세기 무렵에는 라인 강과 도나우 강 유역까지 진출하여 로마와 마주하고 있었다.

로마 변방에 사는 게르만족들은 늘 로마의 약점을 노리다가 기습했다. 인구 증가에 따라 토지가 부족해지고, 로마의 선진 문화와 경제적 풍요를 동경했기 때문이다. 게르만족들은 로마로부터 많은 것을 배워 어떤 분야에서는 로마와 동등하거나 앞서기까지 했다. 그리고 로마보다 뛰어난 조직력을 앞세워 로마를 공격하여 곤경에 빠뜨렸다. 그들 중 일부는 로마 제국에 들어가 용병이나 소작농이 되어 정착하기도 했다.

4세기 후반에 서쪽으로 이동한 훈족이 흑해 연안에 거주하던 게르만족을 압박했다. 이를 피해 대다수 게르만족들은 도나우 강을 건너 로마 영내로 들어왔을 뿐만 아니라, 서유럽 지역은 물론이고 지중해 연안과 아프리카 등지로까지 이동했다. 이를 민족의 대이동이라고 하는데, 대량 살육과 초토화가 난무하는 대혼란기였다. 이와 같은 민족 이동의 혼란 속에서 395년에 로마는 동서로 나뉘게 되었다. 410년에 고트족이 로마를 포위·점령하고서 4일 동안이나 약탈했고 로마 사람

훈족의 이동으로 고트족, 반달족, 프랑크족 등 다양한 게르만족들이 유럽으로 들어와 중세 시대를 열었다.

| 455년 반달족의 로마 약탈

들은 영원한 도시의 몰락에 망연자실했다. 455년에는 반달족이 로마를 침입하여 약탈했다. 마침내 서로마 제국은 476년에 게르만족 출신의 용병대장 오도아케르에 의해 무너지고 말았다.

　게르만족은 서유럽 지역, 지중해 연안, 아프리카 등지에 여러 왕국을 세우고 독자적인 발전을 이루었다. 그러나 대부분 세력이 매우 약하거나, 오랫동안 유지되지 못했다. 게르만족은 로마 계통의 주민에 비해 숫자가 훨씬 적은 데다, 문화적으로도 크게 뒤떨어졌기 때문이다. 그렇지만 로마 문화와 게르만적 요소가 융합된 서유럽 문화가 형

세상을 바꾼 기후

성되었다는 점에서 역사적 의미가 있다.

헌팅턴이라는 학자는 "아시아 유목민들이 살던 중앙아시아의 목초지가 말라 버린 것이 야만인 부족들을 서쪽의 유럽으로 이동시켜 게르만 민족의 대이동을 가져왔다."라고 주장했다. 기후로 인해 훈족에서 시작된 민족 이동이 게르만족의 대이동을 이끌었고, 이로 인해 고대 사회가 중세 사회로 전환된 것이다. 즉, 기후가 중세의 시작을 가져온 셈이다.

서양 고대 사회는 지중해 지역, 그리스와 로마, 그리고 노예를 중심으로 성립되었다. 그런데 3세기 이후부터 이와는 완전히 다른 사회가 펼쳐졌다. 게르만족이 곳곳에 왕국을 세움으로써 유럽이라는 새로운 문명의 무대가 등장하여 봉건 제도와 크리스트교 두 개의 기둥으로 이루어진 중세 사회가 시작되었다.

화산, 세계를 뒤흔들다

전 세계를 뿌연 안개로 뒤덮은 화산 폭발

79년 베수비오 화산이 폭발하며 번영을 누리던 폼페이라는 로마 도시가 한순간에 사라지고 말았다. 화산은 역사를 뒤흔든 또 하나의 요인이었다. 엄밀하게 말하면 화산 폭발 뒤에 나타난 날씨 변화가 큰 역할을 했다.

인류 역사상 유독 화산 폭발이 잦은 때가 있었다. 동로마 제국이 극도로 어려웠던 535년~536년에 연거푸 대규모 화산이 폭발했다. 19세기의 가장 강력한 화산으로 여겨지는 인도네시아 탐보라 화산보다 두 배는 더 강력했다고 한다. 원인으로 소혹성이나 행성의 충돌설이 제기된 바 있으나, 아직까지 불명확하다.

태양 주위를 도는 행성이 지구로 떨어질 때 대기와의 마찰로 불타는데, 다 타지 않고 지상에 떨어지는 것을 운석이라고 한다. 6,600만 년 전 멕시코에 떨어진 유성 때문에 공룡이 멸종했을 것으로 과학자들

2010년 아이슬란드 에이야프얄라요쿨 화산이 폭발하여 며칠 동안 유럽 공항이 마비되는 상황이 벌어졌다.

은 추정하니, 운석이 인류 역사를 변화시킬 가능성도 있다. 실제로 최근에 러시아 우랄산맥 일대에 히로시마 원자폭탄의 33배에 달하는 운석우가 섬광 및 폭발음과 함께 내렸다. 이로 인해 1,200명 이상이 다쳤고 4,000채 넘는 건물이 부서졌다. 더 큰 사태도 예견된다고 한다. 이런 현상을 가상화하여 1998년에 만든 영화가 「딥 임팩트」이다. 행성 충돌이 잠자는 마그마 층을 흔들어 화산 폭발을 일으킬 가능성은 열려 있는 셈이다.

정확한 위치는 알 수 없지만, 535년~536년의 화산 폭발지로는 현재 멕시코와 태평양이 유력하게 지목되고 있다. 환태평양 화산 지대가 진원지였음에 분명하다. 그린란드와 남극의 심해 얼음 층에는 이때의 화산 폭발로 형성된 농도가 높은 황산층이 남아 있다. 황산 농도가 높다는 것은 화산 폭발과 뚜렷한 연관이 있다는 의미이다. 이 대폭발은 전 세계에 심각한 영향을 미쳤다. 화산이 폭발할 때에 황을 포함한 수많은 재와 가스가 분출되는데 한 번 분출된 화산재는 하늘로 올라가 길게는 약 2년 동안 상공에 체류한다. 그 사이에 화산재는 화산가스와 함께 광학 작용을 일으켜 지상으로 내려오는 햇빛을 가로막아 기온을 크게는 2도까지 내려가게 한다. 오늘날 같으면 항공기 이착륙이 장기간 어려워져 국제적 교통 대란이 발생할 것이다. 원래 상태로 돌아오는 데 3~4년이 걸리고, 경우에 따라서는 7년까지 간다.

이 화산 폭발로 당시 유럽에서 뿌연 안개가 장기간 햇빛을 가렸다. 그 현상을 동로마 역사학자 프로코피우스는 이렇게 기록했다.

올해 내내 태양은 빛을 냈지만 밝기가 달과 같았고, 일식이 일어난 것 같았다. 예전처럼 태양빛이 깨끗하게 비추지 않았기 때문이었다.

무려 18개월 동안이나 계속해서 태양이 창백한 그림자처럼 어두웠다거나, 1년 내내 태양빛이 희미해서 과일나무가 열매를 맺지 못하고 시들었다고 말한 사람도 있었다. 포도주는 신포도 같은 맛을 냈다. 햇빛의 양만 줄어든 것이 아니고, 햇볕의 따뜻함까지 약해졌다. 당연히 날씨가 추워질 수밖에 없었다.

유럽, 아시아, 아메리카 등지의 나이테를 분석한 결과 이 시기에 나무의 성장이 거의 멈춘 것으로 나타났다. 알프스에서는 빙하가 지속적으로 증가했다. 먹잇감을 찾지 못한 늑대들이 가축떼와 여행자를 습격하곤 했는데, 굶주릴 대로 굶주린 늑대 한 마리가 일요일 예배 중인 교회로 뛰어든 적도 있었다. 사람들은 수단과 방법을 가리지 않고 늑대 퇴치에 열중했고, 늑대 사냥꾼을 고용하라는 권고까지 받았다. 우리나라 같으면 산에서 호랑이가 자주 내려와 사람을 잡아먹었을 것이다. 맹수류는 영역을 충실하게 고수하는 특성이 있다. 그런 맹수류의 영역 이탈은 생태계 변화로 인한 먹잇감의 고갈 외에는 달리 설명할 길이 없다.

추위와 함께 찾아온 기근과 질병

갑자기 날씨가 추워진 536년 무렵에 세계 도처에서 기이한 사건들이 일어났다. 지중해 지역에서 많은 사람들이 대단히 소름 끼치는 방식으로 죽었다. 기근으로 이탈리아는 쑥대밭이 되었다. 동로마의 역사학자 프로코피우스가 쓴 글의 한 대목을 들면 다음과 같다.

> 536년 3월 초하루가 되기 14일 전, 아침부터 숨어 있던 태양이 오후 3시가 될 때까지 보이지 않았다. 이탈리아 땅은 작년부터 농사를 짓지 않고 버려져서 대기근이 찾아왔다. 에밀리아에 살던 사람들은 땅과 재산을 버리고 피케눔으로 들어갔고, 심지어 굶어죽은 사람이 5만 명이 넘었다. 굶주린 사람들은 인간성을 내던지고 서로를 죽이고 인육을 먹었다. 배고픔에 제정신이 아닌 어머니는 자신의 어린 아기를 잡아먹었다. 어떤 두 여자는 17명을 죽여서 인육을 먹었다. 밀라노에 살던 한 여자는 자신의 죽은 아들을 먹었다. 사람들은 땅바닥에 엎드려 풀을 뜯어 먹었고 배고픔에 쓰러져 죽어갔지만 누구도 묻어 주지 않았다. 또 어떤 이들은 개, 쥐, 고양이는 물론, 가장 더러운 동물까지 닥치지 않고 먹었다.
>
> — 『날씨와 역사』

갑자기 추워진 날씨는 질병을 확산시키는 방아쇠 역할을 한다. 우선 독감 환자가 늘고 심혈관 질환이나 당뇨, 천식이 심해진다. 이로 인해 어린이와 노인 및 만성질환자가 큰 피해를 입는다. 날씨가 풀리면 곧 누그러져 계절적 현상으로 그치고 말지만 지속적으로 날씨가 춥다면 문제는 달라진다. 6세기의 기온 하강은 질병 측면에서 상황을 악화시킬 수 있었다.

화산이 폭발하고 몇 년이 지난 541년에 동로마 제국에서 중세 흑사병과 맞먹을 정도의 강력한 전염병이 발생했다. 수도 콘스탄티노플에서는 인구 절반에 가까운 25만 명이 전염병으로 죽었다고 한다. 이때가 유스티니아누스 황제 재임기(527년~565년)여서 이 전염병을 '유스티니아누스 역병'이라고 부른다. 『유스티니아누스 법전』을 편찬하고 성 소피아 성당을 건축한 유스티아누스의 진가는 이 역병으로 빛이 바래게 되었다. 인류 질병사를 연구한 헨리 지거리스트는 『문명과 질병』에서 이렇게 정리했다.

6세기는 지중해 세계의 역사에서 전환점이었으며, 유스티니아누스 황제 때의 역병 대유행이 두 시대의 경계선을 이룬다.

전염병에 기근까지 겹쳐 동로마 제국 절반이 황폐해졌다. 이로 인해 중앙아시아 유목민들이 제국의 북쪽으로 진입했고, 아랍인들은 제국의 남쪽 국경에 압력을 가했다. 심지어 훈족과 아바르족에게는 침입하지 않는 대가로 매년 보조금을 지불하기까지 했다. 돈으로 안보를 사는 것도 국가를 경영하는 한 방법인 것이다. 7~8세기에 이르자 전

| 요르단 남부에 들어선 고대 도시 페트라는 6세기에 소리 소문 없이 사라졌다.

염병, 기근, 외침 등 연이은 악재는 영토, 인구, 재정 등 모든 지표를 하락시켜 동로마 제국의 존립 자체를 뒤흔들었다. 그래서 이때 동로마 제국은 사실상 사라진 것이나 다름없다는 혹평을 가하는 학자들도 있다.

사회 위기는 동로마만의 문제는 아니었다. 메소포타미아 지방에서는 갑작스럽게 눈이 내렸고 곳곳에 기근이 들었다. 극적인 사례를 하나 들어 보겠다. 지금은 강수량이 적어 사람이 살기 어려운 사막 지대인 요르단 남부에 기원전 7세기에 페트라라는 도시가 들어섰다. 페트라는 로마와 동방 사이의 무역으로 번영을 누렸다. 거대한 상업 도시로 성장한 아름다운 도시 페트라는 6세기에 소리 소문 없이 사라지고 말았다. 그러다가 1,000년이 지난 뒤 한 탐험가에 의해 발견되었다. 지진으로 인한 수로 시설 파괴가 원인이라고 하지만, 건조해진 기후가 그보다 앞선 원인일 것이다.

화산 폭발의 후유증, 사회 대혼란

535년 화산 폭발 이후 세계 도처에서 이상 한파, 자연재해, 기근, 질병이 발생했다. 그 결과 정치적 변동이 있고 문명이 붕괴되는 상황이 펼쳐졌다. 서양뿐만 아니라 동양에서도 똑같은 상황이 일어났다. 5~6세기에 인도네시아 자바 섬 서부에는 '카라탄'이라는 고도의 문명이 번영을 누리다가 6세기 중반 이후에 자취를 감추었다. 이는 화산 폭발의 결과라는 설명도 있다.

중국에서는 535년~536년에 황색 재가 눈이나 비에 섞여 내렸다. 황색 재란 하늘을 떠다니는 화산재가 분명하다. 537년에는 우리나라의 제주도보다 남쪽에 있는 청주靑州라는 곳에 한여름인데도 서리가 내렸고, 3년 뒤에는 역시 여름에 많은 눈이 내렸다. 화산재가 하늘을 가려 기온이 내려간 결과이다. 추워진 기후는 기근으로 이어졌다. 중국 당나라 때 이연수가 쓴 역사책『북사』에 다음과 같은 기록이 있다.

오랫동안 가뭄이 들자 서울과 주·군·현에 조를 내려 해골을 거두어 묻으라 하였다.

이런 이상 기후와 기근은 자연히 사회에 대혼란을 불러일으켰다. 당시는 남북조 시대(420년~589년)였는데, 남조 각지에서 반란과 폭동이 일어났고 황제를 칭하는 반란군 우두머리도 있었다. 이 혼란이 한창일 때에 남조와 북조 사이의 전쟁이 반복되어 양 진영이 극도로 피폐해졌다. 결국에는 북조가 승리하여 수隋나라로 통일되었다.

고구려에서는 535년 12월에 전염병이 유행했고, 이듬해 536년에는 "봄과 여름에 가뭄이 대단하므로 왕이 사람을 보내어 굶주리는 사람을 위로하고 구휼하게 했다."(『삼국사기』)고 한다. 537년에도 기근이 들어 구휼을 실시했으니, 화산 대폭발이 남긴 기후 악화가 고구려를 힘들게 했음에 분명하다. 538년에 백제는 수도를 공주에서 부여로 옮기고 국호를 남부여라고 하였으니, 백제 역시 화산 폭발의 후유증으로 몸살을 앓고 있었을 것이다. 이 무렵 백제가 대대적으로 고구려와 신라를 공격한 것은 이 몸살로부터 탈출하기 위해서였는지도 모른다. 중국과 한국의 난민들이 먹을 것을 찾아 대거 바다 건너 일본으로 갔다. 그러나 일본도 기근과 추위 및 전염병으로 몸살을 앓고 있었다. 전 세계가 화산 폭발의 영향권에 있었다.

불확실성과 종교

화산 폭발은 불확실성을 확산시켜 종교계의 판도를 바꿨다. 화산 폭발 이후 기근과 역병으로 동로마가 흔들리자 사람들 사이에 종말론이 고개를 들었다. 그렇지만 일부 극단적인 사람들을 제외하고는 전체적으로 크리스트교 신자가 늘어 국민 대다수가 크리스트교도가 되었다. 당시 이슬람 세계는 오랜 정치적 분열과 상업 이익을 둘러싼 빈부 갈등이 나타나고 있었다. 610년 무렵 무함마드가 이슬람교를 창시하여 모든 인간은 신 앞에 평등하다고 주장했다. 이는 무엇을 의미할까? 분열과 갈등으로 꽉 찬 사회 혼란을 끝내려는 평화의 메시지였을 것이다. 그의 노력으로 오리엔트 세계는 통일을 이루고 아프리카와 유럽에 이르는 대제국을 건설하였다.

이 무렵 신라는 불교를 공인했다. 불교를 수용하려던 신라 왕실의 노력은 귀족들의 반대로 난관에 처해 있었다. 이차돈의 순교(527년)에도 불구하고 법흥왕은 불교를 곧바로 공인하지 않았다. 하지만 이를 계기로 535년부터 그동안 중단되었던 흥륜사 창건 공사가 다시 시작되었고 비로소 불교가 받아들여졌다. 이때 불교가 백제에서 일본으로 전래되어 토착 신앙을 제치고 급속하게 보급되었다. 이 배후에는 자연재해나 전염병으로 인한 사회적 불안이 있었다고 일본 학자들은 말한다.

신라나 일본보다 앞서지만, 중국도 비슷한 상황에서 불교를 받아들였다. 세계적 대제국을 건설했던 한나라는 황실 내분으로 쇠락의 길을 걷기 시작했다. 220년에는 전쟁을 이끌던 장군들에 의해 위·촉·오가 건국되어 삼국시대가 시작되었다. 중국의 쇠퇴는 급격한 기온 저하와 건조한 날씨, 흉작과 기근에 의해 가속화되었다. 양쯔 강은 여러 차례 얼어붙었으며, 가뭄이 든 해에는 대형 하천들조차 말라붙었다. 309년에는 걸어서 황하와 양쯔 강을 건널 수 있을 정도였다. 무능력한 정부와 불리한 기후 조건은 민중의 봉기와 소요를 불러올 수밖에 없었다. 그와 함께 북방 민족의 압력은 커져만 갔다. 이 결과 중국 민족의 대이동이 시작되었고, 589년까지 왕조분할 시대가 이어졌다(남북조 시대). 바로 이때 그동안 박해를 받아 오던 불교라는 구원신앙이 왕조의 몰락으로 기반을 상실한 도교와 유교사상을 밀어내고, 이후 500년 동안 정신적인 지주 역할을 담당하게 된다. 불교는 험난한 시대에 마음의 위안을 약속했으며, 백성들에게 내세 지향적인 가치관을 심어 주어 현실에 순응하도록 했다.

기후 변화로 사회가 불안해지자 그동안 박해를 받아 오던 기독교가

325년에 콘스탄티누스 황제에 의해 로마 제국 국교로 공인된 것처럼 중국도 같은 과정을 밟았던 것이다. 중국만 그러한 것이 아니라, 한국과 일본도 마찬가지였다. 기후가 종교 생활에 영향을 미친 극적인 사례라고 볼 수 있다.

발해는 왜
갑자기 사라졌을까?

926년, 발해는 거란의 침략을 받은 지 불과 한 달 만에 무너졌다. 발해가 멸망한 원인은 석연치 않은 채로 남아 있다. 그런데 그 이유로 백두산 화산 폭발을 드는 학자들이 있다. 화산이 폭발하여 추위로 인한 농작물 피해가 거듭되고 흉작이 이어져 저항할 힘을 잃었으리라는 추측이다. 그때의 화산재가 멀리 일본 홋카이도까지 수백 킬로미터를 날아가 915년에 일본에서 폭발한 화산재 위에 5센티미터 두께로 쌓였다고 하니, 최소한 그 이후에 백두산 화산이 폭발했음을 알 수 있다.

그 무렵 신라도 가뭄과 기근 및 전염병으로 몸살을 앓았다. 농민들은 도적떼가 되거나 반란을 일으켰다. 그들을 규합하여 견훤이 후백제를 건국했고(900년), 궁예가 후고구려를 건국했다(901년). 기후 변화가 왕위 쟁탈전으로 허약해진 신라를 강타한 결과, 후삼국 시대가 펼쳐진 것이다. 왕건이 고려를 건국하고(918년) 후삼국을 통일하여 이 난국을 수습했으니, 발해의 멸망과 함께 고려 왕조의 등장은 기후 변화의 산물인 셈이다.

	기원전 3000년경	미노아 문명 탄생
	기원전 2000년경	미케네 문명 탄생
에게 해 화산 폭발	기원전 1450년경	
지중해 지역 가뭄	기원전 1200년경	히타이트 쇠락
	기원전 1100년경	미케네 문명 멸망
	기원전 800년경	그리스 폴리스 등장
	기원전 700년경	로마 건국
로마 온난기	기원전 2세기~기원후 2세기	로마 번영
기온 하강	300년경	
	375년	훈족 돈 강 유역 진출 게르만족 이동
	395년	로마 동서 분열
	476년	서로마 멸망
화산 폭발	535년	
	536년	고구려 가뭄·기근
	541년	유스티니아누스 역병 발생
	610년	이슬람교 창시

3
따뜻한 중세,
바이킹을 움직이다

중세의 봉건제도 뒤에는
노르만족의 이동이 있었고,
그 뒤에는 따뜻한 기후가 있었다.

유럽의 역사는 서로마 제국의 몰락으로 새로운 국면을 맞이했다. 이때부터를 중세中世라고 하는데, 5세기부터 동로마 제국이 멸망한 15세기까지를 말한다. 유럽 중세의 역사는 기후 변화에 따라 황금기를 맞다가 쇠퇴기를 맞기도 했다. 기후 변화는 유럽은 물론이고 아시아와 아메리카까지 영향을 미쳤다.

흔히 중세 유럽을 암흑기라고 생각한다. 로마 멸망 이후 잠시 동안 기근과 침략으로 문화가 침체되었기 때문에 부분적으로는 맞는 말이다. 그러나 기후가 온난했던 중세 300년 동안 농지가 확장되고, 인력 외에 축력을 이용하고, 농기구 개량 등이 이루어졌다. 이로 인해 농업 생산이 증가하여 사람들은 이전에 비해 더 풍요로운 생활을 할 수 있었다. 기근이 줄어 인구가 증가하고, 도시가 성장하여 상공업이 발달하고, 축복을 기념하기 위해 화려한 대형 성당이 건설되기도 했다. 그리고 추운 북부 지역에 살던 바이킹족이 따뜻한 기후 덕에 세력이 커져 유럽은 다시 한 번 큰 변화의 소용돌이에 빠지게 되었다.

따뜻한 날씨 덕에 감사와 찬양이 유럽을 뒤덮고 있을 때 건너편 아메리카에서는 극심한 가뭄과 혹독한 굶주림이 문명을 뒤흔들고 있었다. 북아메리카의 원주민인 푸에블로족은 가뭄과 싸우며 생활의 근거지를 옮겨야만 했다. 중남아메리카에서는 수준 높은 천문학과 수학을 자랑하던 마야 문명이 갑자기 사라지고 말았다.

14~15세기 중세 온난기가 끝날 무렵 유럽에서는 괴병이 닥치고 날씨가 추워져 북부 지대에서는 농업이 불가능해졌고, 대기근이 들어 많은 사람들이 죽어 갔다. 곧바로 흑사병이라는 무서운 질병이 유럽을 덮쳤다. 사람으로 '꽉 찬 유럽'이 흑사병으로 인해 '텅 빈 유럽'으로 바뀌었다. 유럽 사회는 심각한 위기에 직면했다. 영주와 농민 충돌은 피할 수 없었으며, 마침내 농민 반란이 일어났다. 귀족들 간의 알력도 심해져 곳곳에서 전쟁이 시작되었다. 유럽 중세 사회가 흔들리던 시기에 이탈리아에서 인간의 중요성을 강조한 르네상스 운동이 일어났다. 아시아 곳곳도 위기를 맞더니 왕조가 교체되었다.

중세의 성립

서유럽의 새 주인, 프랑크 왕국

게르만족이 세운 왕국들 가운데 가장 강성했던 나라는 5세기 말에 세워진 프랑크 왕국이다. 프랑크 왕국은 민족 이동의 혼란을 수습하고, 서유럽 세계의 형성에 기여했다는 점에서 중요하다.

프랑크 왕국은 농업이 발달한 라인 강 유역을 근거지로 하여 큰 세력을 이루었다. 그리고 일찍부터 크리스트교를 받아들여 로마 교회의 지지를 얻은 탓에 왕국 발전이 유리했다. 프랑크 왕국이 급성장한 데에는 기후도 한몫을 했다.

3세기 무렵부터 서유럽 날씨는 이전보다 더 추워지고 건조해져서 곡식 생산이 어려워졌다. 대대적으로 농업 생산 방식을 바꾸려고 시도했으나 옛 로마의 영광을 되찾기엔 역부족이었다. 위기에 처한 소부족들을 병합하여 프랑크 왕국이 세력을 확장할 기회였다.

6세기에는 대규모 화산 폭발로 인해 유럽의 날씨가 더 추워졌다.

세상을 바꾼 기후

메소포타미아에서도 눈이 내렸고, 비는 줄었다. 심한 가뭄은 북중국을 공격하고 몽골과 시베리아로 번졌다. 초원이 건조해지자 중앙아시아에 살고 있는 몽골계 유목 민족인 아바르족이 유럽으로 향했다. 한랭 건조 기후의 결과는 참혹했다. 흉작이 잇달아 곳곳에 기근, 굶주림, 전염병이 덮쳤다.

프랑크 왕국은 이베리아 반도에서 침입해 온 이슬람 세력을 물리쳐 8세기 전반에 크리스트교와 서유럽 세계를 수호했다. 8세기 후반 카롤링 왕조의 카롤루스 대제(742년~814년) 때에는 전성기를 누렸는데, 이탈리아 북부와 에스파냐 북부, 그리고 독일 서부를 정복하여 옛 서로마 제국의 영토를 대부분 회복했다.

카롤루스는 정복한 지역에 크리스트교를 보급하기 위해 교회를 세우고 주민들을 개종시켰다. 로마 교황은 크리스마스 날에 카롤루스에게 서로마 제국의 황제관을 씌워 주었다. 이는 게르만족이 서유럽의 새로운 주인공으로 인정받았으며, 교황과 황제가 손을 잡았음을 의미한다. 카롤루스는 문화에도 많은 관심을 기울여, 각지에 수도원과 학교를 세우고 라틴 문화의 부흥에 힘썼다. 그 결과 이른바 '카롤링 르네상스'가 일어나 고대 로마, 크리스트교, 게르만적 요소가 융합된 새로운 중세 유럽 문화가 형성되었다.

그러나 카롤루스 대제가 죽은 뒤 자손들 사이에 영토 분쟁이 일어났다. 자손들은 두 차례의 조약을 맺어 9세기 중반에 왕국을 동프랑크, 서프랑크, 중프랑크로 삼등분하고 영토를 조정했다. 이 세 왕국이 오

프랑크 왕국의 황제 카롤루스는 옛 서로마 제국 영토를 대부분 회복하고 교황으로부터 서
로마 제국 황제 칭호를 받았다.

세상을 바꾼 기후

늘날 프랑스, 독일, 이탈리아의 기원이 되었다.

노르만족, 유럽을 침략하다

서유럽에서 게르만족의 이동이 있은 뒤, 이에 자극받아 동유럽에서는 슬라브족의 이동이 있었다. 슬라브족은 주로 드네프르 강의 상류 지역(현재의 벨로루시)에 거주했는데, 6세기 무렵부터 유럽 각지로 옮겨가기 시작했다. 기근이 결정적인 동기였다. 서쪽으로 이동한 슬라브족은 게르만족에게 영향을 받아 로마 가톨릭을 받아들이기도 했다. 남쪽 발칸 반도 쪽으로 이동한 슬라브족은 이슬람교를 믿는 오스만 제국의 지배를 받았다. 일부는 동쪽으로 이동하여 러시아 평원에 정착하였다가, 9세기 후반에 노르만족과 함께 키예프 공국을 세웠다. 그리하여 오늘날 슬라브족은 러시아와 발칸 반도를 포함한 동유럽에서 동북아시아에 이르기까지 매우 광범위한 지역에 분포하고 있다. 슬라브족이 본격적으로 역사 무대에 등장한 시기는 10세기 전후이다. 이전까지는 이렇다 할 문화를 이루지 못하여 슬라브족이 살았던 지역은 매우 뒤떨어진 곳으로 간주되었다.

9세기 후반부터 10세기 중엽까지 유럽은 노르만족의 침입으로 격동의 세월을 겪었다. 그 결과 유럽 각지에 새로운 나라들이 들어섰고 사회 모습도 크게 바뀌었다.

노르만은 '북쪽의 사람'이라는 뜻으로 일명 바이킹이라고도 한다.

이들은 스칸디나비아 반도와 덴마크 지역에 살면서 어업과 상업에 종사했다. 모험을 좋아했으며 조선술과 항해술에 능했다. 특히 바이킹선은 머리와 꼬리 부분이 높이 휘어 올라가 있어 거친 바다 풍랑에도 잘 견디며 얕은 강가를 거슬러 올라가기에도 용이했다.

노르만족은 '바다의 군마'라고 불리는 바이킹선을 타고 춥고 메마른 스칸디나비아 지역을 떠나 유럽 각지로 진출했다. 이를 제2차 민족 이동이라고 한다. 그들이 왜 갑자기 유럽 각지를 침입하게 되었는지 정확한 이유를 알 수 없으나, 인구 증가와 왕권 안정에 불만을 품은 귀족과 그 무리가 해외로 진출하지 않았나 생각한다. 이런 내적인 요인 외에 기후가 따뜻해졌다는 외적인 요인도 크게 작용했다. 노르만족은 유럽의 해안 지역을 약탈하고 강을 거슬러 올라가 부유한 수도원을 습격했으며, 때로는 도시를 포위하기도 했다. "신이여, 저 무시무시한 북구인들로부터 우리를 구하소서!"라는 기도문이 생겨날 정도로 노르만족은 공포의 대상이었다. 유럽 사람들은 속수무책으로 무너지고 마침내 정복당했다.

노르만족은 점차 유럽 각지에 여러 나라를 세웠다. 10세기 초에 북부 프랑스에 노르망디 공국을 세웠고, 11세기 중엽에 노르망디 공국의 윌리엄은 영국을 침공하여 노르만 왕조를 열었다. 지중해로 들어간 노르만족의 다른 일파는 시칠리아 왕국을 세웠으며, 슬라브 지역에 진출한 노르만족은 키예프 공국을 세움으로써 오늘날 러시아의 기원을 이루었다. 노르만족에게 늘 성공만 있었던 것은 아니다. 아일랜드에서는 원주민 켈트족에게 격퇴당하기도 했다.

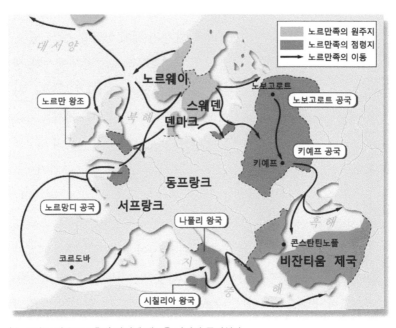

| 노르만족 이동으로 유럽 각지에 새로운 나라가 들어섰다.

기사가 필요한 시대, 봉건 제도가 자리 잡다

노르만족의 이동과 침입은 유럽 사회의 모습을 바꾸었다. 동쪽에서는 슬라브족이 침략해 오고 남쪽에서는 이슬람이 세력을 확대하였던 점도 영향을 미쳤지만, 가장 큰 충격은 노르만족이 제공했다.

당시 유럽 사람들 가운데 힘 있는 자들은 노르만족의 침입을 막기 위해 높은 성벽을 세웠다. 웅장한 중세 성곽은 오늘날 유럽의 유명한 관광 자원이 되고 있지만 당시에는 많은 수도원과 도시가 노르만족에 의해 약탈당하고 파괴되었다. 하지만 세상살이란 잃은 것이 있으면 얻는 것도 있는 법이다.

무엇보다 노르만족의 침략으로 인해 봉건 체제 성립이 촉진되었다. 노르만족이나 이민족이 침입했을 때 국가로부터 보호받지 못하자 생명과 재산을 지키기 위해 일부는 스스로 무장하여 기사가 되었다. 하지만 대부분은 가까운 기사에게 의탁하여 보호를 받았다. 기사들 가운데서도 힘이 약한 자는 가신으로서 강한 자에게 충성과 군역의 의무를 바쳤으며, 강한 자는 주군으로서 약한 자에게 토지를 주고 군사적으로 보호해 주었다. 그 결과 서로 간에 계약을 맺어 의무를 지는 봉건 제도가 형성되었다. 봉건 제도는 봉토(주군이 가신에게 충성의 대가로 주는 토지)와 충성의 의무를 매개로 주군과 가신 사이에 맺어진 주종 관계가 중심이었고, 왕은 제후를 가신으로 삼고 제후는 기사를 가신으로 삼는 피라미드식 구조를 이루었다. 주종 관계는 일정한 의식을 거쳐 성립되었다. 먼저 가신은 주군에게 부하로서 충성을 서약하고, 주군은 가신

　세상을 바꾼 기후

에게 주는 봉토를 의미하는 한 줌의 흙을 쥐고 땅에 뿌렸다.

봉건 사회의 지배 집단인 기사들은 기사도騎士道라는 일정한 행동 규범을 지켜야 했다. 그래서 어려서부터 교육과 훈련을 받고 예의범절을 배워, 무장하지 않은 상대를 공격하는 것은 부당하다는 신념을 지녔다. 이 태도의 밑바탕에는 명예 존중 의식이 깔려 있다. 교회는 기사들의 전쟁이나 전투를 줄이고 완화시키기 위해 '신의 휴전'이라 하여 일요일이나 주된 축제일에는 전투를 금지하고, '신의 평화'라 하여 여자, 상인, 농민, 성직자 등 비전투원에 대한 공격을 금지했다. 이 행동 규범은 봉건 제도 붕괴 이후에도 유럽 사람들에게 적지 않은 영향을 미쳤다.

기사들이 받은 봉토는 대개 장원으로 운영되었다. 장원에는 영주의 저택과 제분소 및 대장간 등이 있으며, 길 양쪽으로는 농가와 교회당이 자리 잡았다. 농민들은 자발적이든 강제적이든 힘 있는 장원의 영주인 기사에게 예속되어 농노가 되었고, 이로 인해 장원 제도가 등장했다. 촌락을 단위로 한 장원은 자급자족하는 독립된 공동체로서 봉건 제도가 발달할 수 있는 경제적 토대가 되었다.

유럽의 봉건 제도는 각 지역의 사회적, 경제적 조건에 따라 형성 시기와 그 모습이 달랐으나 8~9세기 무렵에 형성되기 시작하여 10~13세기에 오늘날 프랑스 지역을 중심으로 가장 전형적인 봉건 제도가 자리를 잡았다. 교과서에서는 프랑스 지역이 농업이 발달할 수 있는 좋은 조건을 지닌 데다 국왕보다는 지방 세력들의 힘이 컸기 때문에 일찍부터 봉건 제도가 뿌리를 내릴 수 있었다고 말한다. 사실 그 배경에 기후 변화로 인한 이민족의 이동과 침략이 있었다는 점을 놓친 셈이다.

1,000년 가까운 중세 시기에서 봉건 제도와 장원 제도가 성립되어 중세 체제가 형성된 때를 중세 초기라고 하는데, 476년부터 1000년까지 약 500년간을 말한다. 이후 1000년부터 1300년까지 중세 사회가 번영을 누린 약 300년간은 중세 중기라고 한다. 그리고 그 이후 1300년부터 1453년까지 쇠퇴하기 시작하는 시기를 중세 후기라고 한다. 그런데 중세의 번영과 쇠퇴에도 기후가 영향을 미쳤다. 이 점을 이어서 알아보도록 하자.

중세가 암흑기라고?

중세 온난기

고대를 끝내고 중세를 여는 데 결정적 역할을 한 것은 흉노라는 민족이었다. 흉노를 역사 전면에 등장시킨 것은 기근을 자주 들게 한 한랭 건조 기후였다. 곧 기후가 중세를 연 셈인데, 중세 중간에는 온난습윤한 기후가 찾아왔다.

1000년 무렵부터 1300년 무렵까지 300여 년 동안 따뜻한 기후가 계속되었다. 이때를 '중세 온난기'라고 한다. 이 기간에 유럽의 평균 기온은 이전보다 더 따뜻했다. 현재의 기후 역사학자들은 오늘날 기후보다도 더 따뜻했다고 말한다.

아이슬란드와 그린란드의 빙하가 현저히 감소해 선사 시대 말기에 개발되었다가 눈에 묻힌 구리 광산이 노출되어 광부들이 모여들 정도였다. 그리고 늘 있었던 유빙이 그린란드 동쪽 바다에서 사라졌다. 따뜻한 날씨 덕에 막혔던 바닷길이 열린 것이다. 또한 유럽 고산 지역의 수목 한계가 오늘날에 비하여 150미터 더 높았다. 산지의 농사 한계선도 오늘날보다 200미터 더 높았다. 숲을 농지로 활발하게 개간한 탓에 유럽의 숲은 이전 시기의 20퍼센트로 감소했는데, 그 면적이 오늘날보다도 적었다고 한다. 빙하가 녹고 강수량이 많아져 산간 호수가 깊고 넓어지고, 하천 수량이 크게 늘어 강폭이 넓어졌다. 배가 호수 이곳저곳을 연결해 주며 상업 활동을 도왔는데 그때 건설된 하천 다리는 생뚱맞게 오늘날보다 높은 지점에 서 있다. 하지만 영국의 저지대 야산은 불어난 물로 섬이 되어 장기간 고립되었다. 네덜란드 해안 평야 사람들은 해수면이 상승하여 땅이 잠기자 독일로 이주해야만 했다. 하지만 그 덕분에 네덜란드 사람들은 제방을 쌓고 풍차를 설치하는 등 재해 대비력을 키울 수 있었다.

유럽 이외의 지역도 마찬가지였다. 캐나다의 수목 한계는 현재보다 100킬로미터 더 북쪽에 있었고, 지금은 비가 부족하여 작물을 재배할 수 없는 아이오와 주의 북서부에서 인디언들이 옥수수를 재배했다. 사하라 사막에서는 넓은 지역에 소가 사육되고 상인이 횡단할 정도로 중간에 많은 우물이 있었다. 당시에 사하라 사막에는 말리라는 제국도 있었다. 제국의 왕인 술탄은 높은 탑이 있는 왕궁과 모스크(이슬람 사원)를 건설했다. 그러나 15세기에 사막이 건조해지자 유목 민족의 침략을 받아 사라지고 말았다. 어쨌든 이전까지는 사하라 지역이 현재보다 습윤했음을 알 수 있다.

바이킹의 영토 확장

온난기에 유럽은 영토 확장에 열을 올렸다. 농업 생산량이 늘자 자신에 가득 찬 프랑스와 노르만 십자군 기사들은 제1차 십자군 원정에 나서 예루살렘을 탈환했다. 그러나 온난기 유럽 팽창의 대미는 바이킹이 장식했다.

바이킹은 고향 스칸디나비아를 출발하여 멀리 아이슬란드(874년부터)와 그린란드(999년부터)로 진출했고, 일부는 북아메리카 대륙까지 건너갔다. 특히 본격적인 온난기에 들어선 10세기 무렵은 이른바 '바이킹 시대'라 불릴 만큼 이들의 정복 활동이 활발했다.

바이킹은 처음에는 아일랜드 연안 일대에 정주하면서 켈트인과 융합·동화되어 아일랜드 종족을 형성했다. 이후 아일랜드인과 함께 사람이 살지 않는 무인도 아이슬란드에 진출하여 마을을 건설했다. 아일랜드의 수도사들이 이전에 아이슬란드를 방문했지만, 그들은 정착촌을 건설하지는 않았다. 왜냐하면 '얼음의 땅'이어서 사람이 살 수 없었기 때문이다. 아득한 옛날부터 유럽인에게 북쪽의 얼음 나라는 세상의 끝이었다. 바이킹은 그런 악조건을 뚫고 아이슬란드에 정착하고 처음으로 나라까지 세웠다. 바이킹들의 모험심이나 진취성에 기후 변화가 더해져 가능한 일이었다. 이제 아이슬란드는 바이킹의 제국이나 다름없었다.

그린란드에는 '참 사람들'이란 뜻인 이누이트인들이 살고 있었다. 아이슬란드 사람 에리크(바이킹 이주민의 2세)가 바이킹을 이끌고 그린란드에 첫발을 디뎠다. 에리크는 더 많은 사람을 불러들이려고 이곳에 '화이트 랜드'가 아니라 '푸른 초원'이라는 뜻인 '그린란드'라는 이름을 붙였다. 그의 유인책에 배 35척에 400여 명을 실은 후속 이주단이 들어왔다. 추가 이주민도 속속 들어왔다. 그들은 채소나 건초 등을 재배하면서 주로 목축으로 생활을 해 나갔다. 지금은 불가능한 곡물 농사도 지었고, 본국 아이슬란드에 물개 이빨과 북극곰 모피를 수출하기도 했다. 노르웨이에서 아이슬란드와 그린란드로 향하는 바닷길에 일 년 내내 얼음이 발견되지 않아 외부와의 교류도 가능했다. 그린란드의 바이킹 정착지는 번영했다. 280개의 농장이 있었고, 교회와 수도원도 만들어졌다. 현재는 폐허가 된 그때의 교회 건물이 그 옛날의 역사를 말해 주고 있다. 따뜻한 기후 덕분에 바이킹은 아이슬란드와 그린란드를 무대로 활동할 수 있었다. 지금은 엄두도 낼 수 없는 일인데, 그린란드 바다에서 헤엄을 친 사람도 있었다.

바이킹은 콜럼버스보다 약 500년 앞서 아메리카 대륙에 발을 딛기도 했다. 처음에는 폭풍에 표류하다 우연히 발견한 듯하지만, 나중에는 계획적인 항해를 감행해 아메리카 지역으로 진출했다. 야생 포도가 자라고 있는 그곳은 북아메리카 동부 해안이었다. 후속 탐험대도 출발하여 인디언과 만났고, 대구를 어획하기도 했다. 인디언의 불친절을 이겨내지 못하고 곧 돌아왔지만, 그들은 아메리카 대륙을 밟은 최초의 유럽인으로 평가받고 있다.

농업 혁명, 축복의 시기

중세 온난기에는 일조량이 많아 작물 성장기가 길어졌다. 밀과 보리 등 이전에는 경작이 불가능했던 작물이 새로이 재배되는 곳도 있었다. 그동안 날씨가 추워 포도를 재배하지 않았던 영국에서도 포도를 활발하게 재배하게 되었다. 프랑스 영주들이 영국의 고급 포도주에 심취하자 프랑스 정부가 영국산 포도주 수입을 못하게 할 정도였다. 지금은 잦은 늦서리로 포도 재배가 불가능한 독일 동부에서도 포도가 재배되었다. 심지어 노르웨이 남부에서도 포도가 생산되었다.

산지 높은 곳까지 경작지가 확대되어 양치기 목동들의 볼멘소리가 터져 나왔다. 이제 중심 경작 지역이 로마에서 북서유럽으로 옮겨졌다. 사람들은 알프스를 넘어 신천지인 북서유럽으로 향했다. 또한 아이슬란드나 그린란드처럼 사람이 살지 않았던 지역에서도 농사와 목축이 가능해져 정착지가 만들어졌다.

농사에 유리해진 기후 조건을 적극 활용하기 위해 농업 기술이 크게 발전했다. 서유럽의 경우 '농업 혁명'이 일어났다고 한다. 우선, 호미도 갖지 못한 그곳 농민들은 철제 쟁기를 사용하여 가축으로 땅을 갈았는데, 쟁기를 끄는 소의 멍에가 도입됨으로써 더욱 확산되었다. 쟁기나 멍에 같은 작은 부품 하나가 인류 역사를 크게 향상시켰으니, 생활 과학의 중요함을 엿볼 수 있다. 쟁기는 산림을 농지로 개간하는 데 사용되었을 뿐만 아니라, 땅을 깊게 파 지력을 회복시켜 생산량을 늘려 주었다. 그리고 로마의 2포제를 3포제로 발전시켜 매년 휴경지를 2분의 1에서 3분의 1로 줄였다. 또한 수력이나 풍력을 이용하여 곡물을 도정함으로써 노동력을 절감했다. 남녀 간의 러브 스토리가 담겨 있는 물레방앗간이 이때 확산되었다.

특히 수도원은 더 세련된 농경 방식을 도입하여 보급하는 데 앞장섰다. 12세기에 프랑스에서만 1,300개에 달하는 수도원이 새로 생겨났다. 수도원은 철기구를 이용하여 숲을 손쉽게 베어 농지를 확대하고 쟁기를 만들어 농사에 사용했다. 몇몇 수도원은 광대한 땅을 경작하고 수천 마리 양떼를 키우기도 했다. 당연히 일손이 부족할 수밖에 없었는데, 부족한 일손은 아프리카 사람이나 동유럽 슬라브족slavs을 노예로 사냥하여 충당했다. 그래서 영어로 노예를 'slave'라고 한다.

산림이 농경지로 개간됨에 따라 그동안 사람이 살지 않던 지역에 마을이 형성되었다. 먼 산골 깊은 숲 속까지 크고 작은 촌락들이 들어섰다. 자연히 농업 생산성이 크게 높아졌다. 농민들은 잉여 곡물을 시장에 내다 팔았고, 다른 나라로 수출하기도 했다. 재배 곡식의 종류가 다양해져 흉작의 위험도 줄었다. 완두, 콩, 편두 등 콩류 재배로 평민들에게까지 단백질이 충분히 공급되었다. 개간한 산지에는 우유를 공급할 목장이 만들어졌다. 콩과 우유는 영양 만점인 식품이다. 시골의 가난한 자들과 소규모 농민들에게는 커다란 축복이었다. 중세 화가의 그림에 그려져 있는 풍성하게 수확하는 장면은 이를 반영한 것이다.

10세기에서 14세기 사이에 유럽 인구가 두세 배로 증가하여 온난기가 끝날 무렵에는 7,300만 명 이상이 유럽에 거주했다고 한다. 시장이 섰던 자리나 큰 마을은 자연스럽게 도시로 발전했다. 일부 농민들은 아예 농촌을 떠나 강가나 해변에 위치한 도시로 몰려들었다. 영주의 지배를 받던 농노들도 도망가 자유를 얻자, "도시의 공기는 자유를 준다."라는 말이 나오게 되었다. 베를린, 함부르크, 뮌헨처럼 훗날 대도시로 성장한 도시들은 모두 이때 건설되었다. 이들 도시들은 처음에는 영주의 지배를 받았으나, 점차 자치 도시가 되었다. 도시에 정기적인 시장이 열리자 이른바 '경제 붐'이 일어나 상공업이 발달했다. 상점에서는 구두, 식기, 보석, 자기 등을 판매했다. 물레나 베틀 같은 효율적인 섬유 제조 기술이 도입되고, 수차와 풍차를 이용하여 대량으로 종이를 생산할 수 있게 되었다. 종이 보급은 새로운 지식이 나오고 퍼지는 데 도움이 되었다. 상공업자들은 길드를 조직하여 영업을 독점했다. 파리, 볼로냐, 옥스퍼드 등 일부 도시에는 대학이 들어서 학문을 발전시켰다.

하늘을 찌를 듯한 고딕 성당

중세 온난기는 활기가 넘치는 '황금 시기'였다. 수백 년간 끊이지 않던 전쟁과 정치적 혼란이 다소 안정되었고, 교회의 분열 같은 갈등도 없어졌다. 평민이나 농노 납세자가 늘어나 영주나 교회는 세금이나 십일조를 더 많이 거두어들일 수 있었다. 사람들은 하늘의 축복과 영주의 보살핌 덕분으로 여기고 많은 양의 재물을 바쳤다. 그 수입으로 영주들은 성과 궁전을 증축했고, 교회는 성당을 새로 지어 올렸다. 건축가와 석공 및 목수들의 호황기였다.

> 땅 위의 모든 자가, 그가 영주든 농노든 좋은 기후와 풍요한 추수의 축복을 함께 누렸다. 그리고 그 축복을 신의 은총이라고 함께 찬미했다. 이 독실한 시대에서는 모든 이의 운명이 주의 손에 달려 있었다. 산다는 것 자체가 주의 자비였기 때문에 오르지 신심을 갖는 것만이 더 많은 자비를 얻는 길이라는 것이 당시의 기도문에 잘 나타나 있다. 풍성하게 내려주심에 대한 감사의 표시가 노래로, 기도로 그리고 무엇보다도 높이 치솟은 성당으로 표현되었다.
>
> —브라이언 페이건, 『기후는 역사를 어떻게 만들었는가』

사람들은 하늘을 찌를 듯이 높이 솟은 고딕 양식의 대형 성당을 지어 신에게 좀 더 가까이 가려고 하였다. 고딕 성당의 오색찬란한 스테인드글라스 역시 천국을 향한 그들의 염원을 표현한 것이다. 교회의 내외부 벽면에는 성경에 나오는 여러 이야기를 조각했다. 교회만이 아니라 수도원 건물도 고딕 양식으로 지었다. 사람들은 주에 대한 사랑으로 무엇이든 아낌없이 바쳤다. 돈과 노동은 물론 석재나 값비싼 자재를 쾌척했다. 신에게 감사하기 위해 성지를 순례하는 행렬도 유행했다. 그런데 이슬람 세력들이 성지를 점령하자 11세기 말부터 십자군 원정에 나섰다.

| 프랑스 파리에 있는 노트르담 성당은 대표적인 고딕 양식 성당이다.

에두아르 슈바이거,
「카노사의 하인리히 4세」

온난기 축복이 낳은 최대 산물은 무엇보다 교회의 영향력이 커졌다는 점이다. 교회는 군주에 버금가는 권력을 가지고 정치뿐만 아니라 학문과 예술 및 일상생활 구석구석을 지배했다. 중세인은 교회의 영향력에서 벗어날 수 없었다. 서유럽은 로마 교회를 중심으로 돌아갔고, 교회 교리는 모든 가치의 기준이 되었다.

하지만 교황과 황제 사이에 주도권 다툼이 벌어지기도 했다. 교황

세상을 바꾼 기후

그레고리 7세는 황제가 가지고 있는 성직자 임명권을 빼앗으려고 했다. 신성 로마 제국의 황제 하인리히 4세가 반발하자 교황은 황제를 파문했다. 황제는 눈 속에 알프스를 넘어 카노사에 머물고 있는 교황을 찾아가 무릎을 꿇고 빈 뒤에야 용서를 받았다. 이를 '카노사의 굴욕'이라고 한다(1077년). 이로 인해 교황의 권위는 더욱 높아졌다. 이후에도 몇 차례 더 교황과 황제의 대립이 있었으나 번번이 교황의 승리로 끝났다. 그래서 '교황은 태양, 황제는 달'이라는 말까지 나돌았다. 이노센트 3세 교황이 재임한 13세기 무렵에는 교황의 권위가 절정에 이르러 황제를 폐하고 새로운 인물을 황위에 올리기도 했다. 이 무렵 로마 교황청 수입은 모든 국왕의 수입을 합친 것보다 더 많았다.

교회가 세속화되면서 성직을 매매하는 등 부패를 일삼자 수도원을 중심으로 교회 개혁 운동이 일어났다. 수도원에서는 청빈, 정결, 복종과 함께 노동, 독서, 기도를 강조했으나 역부족이었다. 십자군 원정의 실패로 교회의 권위가 땅에 떨어지자, 14세기부터는 교황의 권위를 부정하는 군주가 등장했고, 교회 분열이 나타나고 교회 혁신 운동이 일어났다.

기후 변화의 서막

온난화의 역습

유럽에서는 기후가 온난 습윤해지자 뜻하지 않은 복병이 나타났다. 생소한 질병이 발생하여 사람의 목숨을 대거 앗아갔다. 날씨가 따뜻해지자 질병을 확산시키는 곤충들의 생활공간이 확대되었기 때문이다. 학질모기가 유럽 전역으로 퍼져나가 말라리아 환자가 발생했고, 오늘날 주로 아프리카에서 출현하는 메뚜기떼가 중부 유럽에서 자주 농작물에 피해를 입혔다.

9세기에는 '성 안토니 열'이라는 전염병이 발생했다. 맥각균이라는 곰팡이가 원인인데, 습윤할 때에 수확한 호밀 낟알을 검게 한다. 장기간의 습윤 기후가 호밀의 병균 면역력을 약화시킨 것이다. 맥각균의 정체는 20세기 초에야 밝혀졌다. 지금은 이 식물 병을 '맥각병'^{麥角病}이라고도 한다. 맥각균은 독성이 강해 작은 양으로도 호밀 부대 전체로 확산되었다. 이 호밀을 갈아 빵을 만들어 먹은 사람에게 발병했고, 곧 전염되어 온 마을 사람들이 경련, 환각, 신체의 팔다리가 검게 썩는 괴저壞疽로 고통을 당하다 죽었다.

병이 넓은 지역에 퍼지고, 병에 걸리고도 금방 죽지 않고 고통을 겪는 사람들을 위해 성 안토니우스를 숭배하는 수도원이 환자들을 돌보았다. 그래도 별다른 효과가 없자, 1096년에 성 안토니 병원을 세워 환자들을 치료했다. 팔다리가 썩어 까맣게 변하는 모습이 마치 불에 탄 듯하고 성 안토니 병원에서 치료했다고 하여 이 병을 '성 안토니 열'이라고 불렀다.

14세기 초기에 영국에서는 이전보다 평균 수명이 10세나 낮아졌고, 사라진 마을도 다수 나타났고, 방치된 농토도 적지 않았다. 프랑스도 피해가 컸다. 북유럽 독일이나 남유럽 이탈리아도 마찬가지였다. 반면 배수가 잘 되는 지역은 늪이 많은 지역보다 피해가 적었다. 14세기에 가서야 진정 국면에 들어갔는데, 이때까지 유럽 날씨가 온난 습윤했음을 증명한다.

이상한 조짐들

1315년 부활절 뒤 유럽에 많은 비가 내렸다. 씨를 뿌린 밭이 웅덩이와 진창으로 변했다. 그 비는 6월과 7월을 거쳐 8월과 9월까지 이어졌다. 오래 내린 비로 밀과 보리는 익지도 않은 채 썩어 버렸다. 거둘 것이 없자 흉년이 들었다. 이듬해 1316년 봄에도 큰 비가 내려 상황은 절망이었다. 비 때문에 씨앗을 제대로 뿌리지 못해 농사를 또 망쳤다. 대기근이 들고 물가가 올랐다. 영국에서는 밀 값이 여덟 배나 폭등했다. 사람이 사람을 먹고, 무덤에서 가져온 시체를 식탁에 올렸다는 믿지 못할 기록도 있고, 시신이 썩는 악취 때문에 숨을 쉬기도 어려울 정도였다고 한다. 그리고 분노의 폭동이 일어나 죄 없는 유대인과 나환자가 희생되었다. 몇 년이 지나자 150만 명에 이르는 사람들이 굶주림이나 전염병으로 죽었다.

당시까지 유럽 역사상 최악의 기근이었다. 신의 축복은 자취를 감추었다. 사람들은 발가벗은 채 성자들의 시신과 성물을 들고 거리를 걸었다. 두터운 신심信心이 변치 않았음을 신에게 보이기 위해서였다. 몇 세대에 걸쳐 좋은 시절을 보낸 뒤라 사람들은 신이 벌을 내리는 것이라고 믿었다.

1315년~1316년에 내린 큰 비는 새로운 기후 시대의 서막을 알리는 징후이자 새로운 역사 시대의 개막을 알리는 신호였다. 즉 온난기가 끝나고 소빙기 기후가 시작되었으며 중세 사회가 후기로 접어들고 근대가 시작되었다.

소빙기 서막이 울린 직후, 발트 해 전역이 얼었다. 발트 해 전역이 언 일은 역사상 최초라고 한다. 상인들이 발트 해 얼음 위로 독일의 로스토크에서 스웨덴 남쪽으로, 라트비아의 리가에서 스웨덴 스톡홀름으로 건너갔다. 이 무렵에는 해빙이 그린란드 남쪽과 서쪽까지 내려와 바이킹 마을들끼리 서로 연락할 수 없게 되었다. 한랭 기후의 기습으로 중세 사

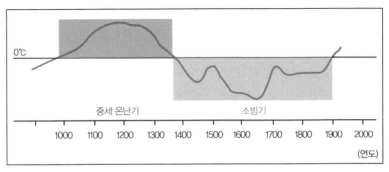

| 중세 시대의 기온 변화

회는 흔들리고 있었다. 충격은 북극과 가까운 곳부터 거세어지기 시작했다.

충격의 섬나라

13세기 말에 그린란드 해안에 유빙이 나타나기 시작해 14세기 중반에는 그린란드 땅에 빙하가 크게 확장되었다. 농사를 지을 수 없고 바다 표범, 해마 등 사냥감이 줄어 바이킹들은 생활이 점점 어려워졌다. 떠내려 온 유빙이 바다를 꽉 막아 항해도 어려워졌다. 유럽과 그린란드를 오가는 정기 교통이 단절되었고, 오직 아이슬란드로 가는 항로에서 이탈한 선박이나 모험적인 해적선들만이 가끔 방문할 따름이었다.

내부 생산도 없고 외부 지원도 받을 수 없는 무원고립 상태였다. 그린란드 사람들은 먹을 것이 없어 죽어 가고 있었다. 기근에 시달리던 바이킹은 자신들이 개발한 '녹색의 땅'을 포기해야 했다. 최대 5,000명 까지 이르렀던 바이킹 이주민은 과거 속에 묻혀 버렸다. 나중에 고고 학자들이 영구 동토층에서 바이킹의 유골들을 발견했는데, 골절상을 입었거나 영양실조와 구루병에 시달려 팔다리가 부자유스럽고, 키가 난쟁이 같았으며, 몸이 비틀려 있었다. 이들을 이렇게 만든 것은 바로 소빙기 기후였다. 16세기 중반에 독일에서 출발해서 항로를 이탈하여 그린란드에 도달한 선박은 바이킹의 죽은 시체만을 발견했을 뿐, 거주 자를 한 명도 보지 못했다. 사람들로 북적이던 섬은 온데간데없고 텅 빈 섬이 되어 있었다. 19세기까지 그러했다.

| 그린란드에 바이킹이 세운 교회

세상을 바꾼 기후

바로 아래에 있는 아이슬란드 사정도 크게 다르지 않았다. 7만 5,000명까지 증가했던 인구가 4만 명으로 감소했다. 사람들의 신장도 173센티미터에서 167센티미터까지 내려갔다. 봄과 여름 날씨가 매우 추운 때가 잦아 건초 수확량이 극히 적었다. 수천 마리 양들이 죽었고, 곡물 재배가 불가능한 상태에 이르렀다. 해안 조개들도 추위를 이기지 못하고 얼어 죽었다.

스코틀랜드는 중세 온난기에 깊은 골짜기에까지 마을이 들어서 있었다. 노르만족을 피해 달아난 잉글랜드 사람들에게 그곳은 안전한 도피처였다. 그러나 14세기부터 이 지역에 차가운 북풍이 빈번하게 불어왔다. 산간 지역에 흉작이 이어지면서 곡물이 바닥났고, 경작할 수 없는 농지가 늘어 경제 기반이 붕괴되었다. 수많은 마을이 황폐해지더니 사라졌다. 어떤 지역에서는 10년 동안 나무껍질로 빵을 만들어 먹었다. 곧이어 심각한 사회적, 정치적 소요가 일어났다. 전역에서 100여 년 동안 씨족 전쟁이 벌어졌다. 사냥하던 왕이 피살되기도 했다. 왕이 수도인 퍼스트를 떠나 비교적 안전한 에든버러에 머물자 그곳이 자연스럽게 수도가 되었다. 에든버러는 해류와 편서풍의 영향으로 기후가 비교적 온화한 지역이어서 기후 변화의 충격을 늦게 받았다.

잉글랜드에서도 일조량이 감소한 탓에 흉작이 이어졌다. 이런 상황에 무거운 세금과 영주의 횡포까지 더해지자 1381년에 농민들이 반란을 일으켜 잉글랜드 절반을 소용돌이에 몰아넣었다(와트 타일러의 난). 이 난의 한 지도자는 "선량한 민중들이여, 영국에서는 재산이 공유화되고 농노도 영주도 없고, 모든 것이 하나로 되지 않는 한 잘못은 고쳐 지지 않는다."라고 주장했다. 15세기 중반에는 사회 혼란을 틈타 왕권 을 차지하기 위한 장미 전쟁(1455년~1485년)이 벌어졌다. 프랑스와 벌 인 백년 전쟁(1337년~1453년)이 끝나고, 프랑스에서 귀화한 병사들이 기아와 황폐한 국토 때문에 생계를 해결하기 위해 가담함으로써 장미 전쟁은 더 치열해졌다. 와트 타일러의 난을 통해 반봉건·평등 사상이 제기되었고, 장미 전쟁이 끝나면서 튜더 왕조가 시작되었으니 한랭 기 후가 영국 역사의 새로운 장을 열었던 것이다.

세상을 바꾼 기후

흔들리는 중세

유럽을 전멸시킨 흑사병

역사학자들은 보통 역사를 고대, 중세, 근대 세 시대로 구분한다. 14세기에 르네상스가 시작되었을 때부터 16~18세기 절대 왕정이 등장할 때까지를 근대 사회 태동기로 본다. 14세기는 이른바 근대 사회의 시작점에 해당되는데, 예상치 못했던 흑사병이 큰 역할을 했다.

2011년 10월, 유럽의 주요 일간지들은 독일·캐나다 연구팀이 660년 만에 흑사병 병원균을 찾아냈다고 대대적으로 보도했다. 유골을 분석한 결과, 흑사병 병원균은 들쥐에 붙어사는 쥐벼룩에 의해 옮겨지며, 현재 유행하는 선線페스트 균과 유전적으로 큰 차이가 없다는 사실을 확인했다고 했다. 따라서 흑사병은 오늘날에도 있지만, 당시의 기후와 면역 및 영양 상태 때문에 치사율이 높았다는 것이 연구팀의 결론이다.

페스트는 1347년에 무역선에 실려 시칠리아 섬에 처음 들어왔고 곧 유럽 전역으로 확산되었다. 균에 감염되면 환자 몸이 검게 변하며 죽기 때문에 흑사병이라고도 불렀다. 장기간의 기근으로 인한 영양실조는 신체 저항력을 감소시켜 페스트균이 걷잡을 수 없이 번지게 했다. 또한 중세 온난기 때 활발한 교역 덕택에 촘촘해진 도로망이 흑사병 확산을 도왔다. 또 곳곳에 들어선 도시의 뒷골목에 널려 있는 쓰레기와 오물은 병균을 옮기는 쥐가 살기에 좋은 조건이었다. 페스트는

중세시대 흑사병이 돌았을 때 죽음의 신이 인간들을 무덤으로 인도하는 그림이 많이 그려졌다.

세상을 바꾼 기후

수많은 인명을 앗아가 중세 유럽을 송두리째 흔들며 1352년에는 러시아까지 도달했다.

> 형제여, 아아, 무슨 말을 해야 할까? 어디로 눈을 돌려야 할까? 사방팔방이 온통 비탄과 공포에 휩싸여 있다.
> 이 세상에 태어나지 말았어야 할 것을. 아니 이런 세상이 오기 전에 차라리 죽었어야 할 것을. 남아 있는 것이라곤 빈 집과 폐허가 된 도시뿐. 사람은 그림자조차 볼 수 없고, 들판은 너무 좁아 시체를 다 묻을 수도 없고, 온 세상은 정적으로 뒤덮여 두렵기만 하구나. 어떻게 세상에 이런 일들이.
> ―이탈리아의 학자·시인 페트라르카의 편지(1348년 5월)

사람들은 세상의 종말이 오는 징조라고도 생각했다. 유럽 인구의 3분의 1 이상이 죽었다. 7,500만 명 정도였던 유럽 인구가 약 2,500만 명이나 감소한 셈이다. 이 줄어든 인구는 200년 뒤에야 회복되었다.

사람의 왕래가 잦은 도시나 항구 및 시장에서 사망률이 높았다. 인구가 줄자 산업 현장 곳곳에서 일손이 부족했다. 수확하지 못한 농작물이 나뒹굴었고, 수확기에 낫을 든 사람을 한 명도 볼 수 없는 지역도 있었다. 자연히 인건비가 오를 수밖에 없었다.

발 빠르고 눈치 빠른 사람들은 손쉽게 주인 없는 토지를 얻을 수 있었다. 방치된 토지가 늘어나자 곡물가가 치솟았다. 지주들은 호황을 누렸다. 살아남은 사람들만 재미를 보고 있었다. 혼인율이 증가하고 어린 나이에 결혼하는 풍조도 유행했다.

흑사병의 발원지는 중국이었다. 당시 그곳 기후는 큰 기근이 들었다가 바로 이어 비가 많이 와 대홍수가 났다. 이 홍수는 700만 명이나 되는 중국 사람들의 목숨을 빼앗아 갔을 뿐만 아니라, 마을과 취수 시설을 황폐화시켜 주거 환경을 악화시켰고 쥐를 포함한 야생 동물의 서식지도 파괴했다. 흑사병 병균을 옮기는 쥐는 먹을 것을 찾아 마을로 들어왔고, 사람들에게 흑사병을 감염시켰다. 병균은 화물선과 여행자를 통해 인도와 중동을 거쳐 유럽으로 들어가 사회와 경제는 물론이고, 교육과 건축 및 교회와 정신세계까지 바꿔 놓았다.

방치되는 농촌, 떠오르는 도시

'퍼펙트 스톰'perfect storm이라는 말이 있다. 여러 현상이 겹쳐 상상을 초월하는 재난으로 이어지는 것을 말한다. 1991년 핼러윈 시즌을 덮친 돌풍에 저기압의 따뜻한 대기, 고기압의 찬 대기, 허리케인이 몰고 온 적도의 습기 등 세 방향의 기상 현상이 겹쳐지면서 거대한 폭풍의 소용돌이가 발생한 사실에 착안해 미국 작가 세바스찬 융거가 쓴 소설의 제목이다. 이 소설은 2000년에 같은 이름으로 영화화되기도 했다. 14~15세기에 유럽에서 이 비슷한 상황이 일어났다.

영국 등 북극과 가까운 섬나라의 기근과 위기는 유럽 전역으로 확

세상을 바꾼 기후

자크리의 난. 흑사병, 기근, 전란으로 농민 경제가 피폐해진 상황에서 가혹한 세금 수탈, 용병들의 약탈 등은 농민들을 분노하게 했다.

산되었다. 프랑스에서는 밀과 포도 농사 흉작으로 많은 사람들이 기근에 시달리다 사망했다. 1358년에는 프랑스 북동부 지방에서 농민들이 프랑스 왕실과 영주들의 가혹한 수탈에 반발해 자크리의 난을 일으켰다. 독일의 경우 포도 수확이 절반 이상 감소했다. 동유럽에서는 사람 고기를 먹었다는 기록이 있다. 러시아 사람들은 좀 더 따뜻한 곳을 찾아 독일로 이주했다.

특히 노르웨이, 핀란드, 덴마크 등 북유럽이 큰 피해를 입었다. 북극과 가까운 노르웨이 북부에서는 보리와 귀리, 호밀을 재배하던 농부들이 토지를 버리고 남쪽이나 해안으로 이주하기 시작했다. 15세기 초에 이르면 지역에 따라 60퍼센트에서 95퍼센트까지 농가가 방치되었다. 중세 온난기에 밀을 재배하여 부유했던 노르웨이 서부 쪽도 인구가 감소했고, 삼림을 개간하여 농사를 짓고 살던 동쪽도 사람들이 모두 떠나 다시 삼림으로 뒤덮였다. 유일하게 남부 해안 지역만 꾸준히 인구가 늘고 있었는데, 한류가 그린란드 쪽에서 노르웨이 해안으로 강하게 흘러 어족 자원이 풍부해졌기 때문이다. 어쨌든 전반적으로 노르웨이는 악화 일로였다. 세수가 이전에 비해 4분의 1로 감소했다. 18세기 중반까지 중세 온난기의 생산량을 초과하지 못했다고 한다. 15세기 초 겨울은 역사적으로 기록될 만했다. 사람들이 얼음 위로 걸어서 발트 해를 건넜고, 늑대들이 노르웨이에서 덴마크로 이동했다.

유럽 곳곳에서 위기에 몰린 농부들이 도시로 몰려들었다. 이전에는 자유를 찾아서였지만, 이제는 빵을 찾아서 왔다. 독일에서는 도시의 상공업을 보호하기 위해 도시 동맹이 늘어났다. 그 가운데 큰 성공을 거둔 것은 14세기 중엽에 만들어진 한자 동맹이다. 뤼베크를 맹주로 한 한자 동맹은 16세기 후반까지 발트 해 및 북해를 제압하면서 활동했다. 동맹에 가입한 각 도시들은 각자의 상품을 선박에 실어 동맹 본거지로 운송한 후, 그곳에서 외국산 상품과 교환하여 각자 도시로 싣고 들어왔다.

반면에 농촌 마을은 갈수록 방치되었다. 양치기들이 방치된 농지를 초지로 전환하려다 원주인과 갈등을 일으키기도 했다. 일부 부도덕한 지주들은 주인 없는 조각 토지를 한데 모아 큰 규모로 만든 다음 울타리를 치고 소유권을 주장했다. 이를 영국에서는 인클로저 운동이라고 하는데, 지주들은 순무와 클로버 같은 새로운 작물을 재배하여 겨울 굶주림을 견딜 수 있게 했을 뿐만 아니라, 목장을 경영하여 양털과 낙농제품을 생산하여 모직 산업을 발전시키고 도시인의 식생활을 뒷받침했다.

인간의 발견

갑자기 닥친 기후 변화로 인해 유럽인들은 새로운 시각으로 세상을 보게 되었다. 신을 중심으로 하는 세계관은 기아와 전염병으로 죽어 가는 사람들 앞에서 무용지물이었다. 이제는 인간을 중심으로 하는 사고방식이 필요할 수밖에 없었다. 14세기에 그리스·로마의 고전 문화에서 인간의 개성과 자아에 대한 가치를 발견하고 부활시키려는 움직임이 일어났다. 이를 르네상스라고 하는데 '재생'이란 의미의 새로운 문화 운동이었다.

르네상스는 고대 로마 문화의 유산이 풍부하고 지중해 무역의 중심지로서 상업과 도시가 발달하고 자유롭고 현세적인 분위기가 강한 이탈리아에서 가장 먼저 나타났다. 특히 상업이 발달한 밀라노, 베네치아, 피렌체 등지에서 인간 중심의 새로운 문화가 활짝 피어났다. 이들 도시는 십자군 원정 때 동방과의 무역으로 부를 쌓은 도시들이었다. 이탈리아는 특히 미술 분야에서 훌륭한 업적을 남겼는데, 레오나르도 다빈치, 미켈란젤로 등이 대표적인 화가이다. '꽃의 도시'란 뜻의 피렌체를 실질적으로 통치하고 있던 메디치 가문은 문예 부흥을 적극적으로 후원하여 피렌체를 르네상스의 중심지로 만들었다. 유력자들이 문예 부흥을 후원한 심리적 동기에 대해 19세기 스위스 역사가 부르크하르트는 다음과 같이 분석했다.

> 정통적이라고 할 수 없는 지배자로서 그들 신변에서는 언제나 위험이 떠나지 않았으며, 그들로 하여금 마음속 깊이 고독을 느끼게 하였다. 그들이 맺을 수 있는 유일한 영광스러운 교제는 가문이나 혈통과는 관계없는 탁월한 재능을 타고난 사람들과의 교제였다.
>
> ―『이탈리아 르네상스의 문화』

16세기 들어 르네상스는 알프스 이북의 프랑스, 영국, 독일 등으로 퍼져 나갔다. 중세적인 요소가 강했던 북부 유럽에서는 르네상스가 사회 개혁적인 성향을 띠었다. 이러한 북부 유럽의 분위기는 이후 종교 개혁에도 영향을 미쳤다.

왕권이 강화되면서 군주들은 교회의 지배와 간섭으로부터 벗어나려고 했다. 정치적 분열로 군주의 힘이 약했던 독일 지역에서는 교황청이 교회와 수도원의 재산을 가져갈 만큼 교황의 간섭이 심했다. 그리하여 독일 지역에서 종교 개혁이 먼저 일어났다. 루터는 면죄부 판매를 반대했고, 칼뱅은 예정설을 주장했다.

곳곳에서 대성당의 건축 공사가 미완성된 채 중단되었다. 십자군 전쟁 실패 이후 수세에 몰린 교황청은 왕권에 밀리더니 14세기 후반에는 권위가 크게 떨어졌다. 그사이에 국왕은 관료와 군대를 두어 국가 토대를 다지고 있었고, 도시 시민들은 자유로운 경제 활동과 시장 안정을 위해 국왕을 재정적으로 지원하기 시작했다. 국왕과 시민이 손을 잡음으로써 중앙 집권적 통일 국가가 등장하게 되었다.

르네상스 시대에 나타난 인간에 대한 새로운 인식은 근대 시민 의식 형성에 큰 영향을 주었으며, 자유로운 탐구 정신은 근대 과학 기술 발달에 기초가 되었다. 또한 지리와 항해술이 발달하고 새로운 것에 대한 도전 정신이 높아 유럽인들은 신항로 개척에 나섰다.

함께 흔들리는 원과 고려

유럽이 추위로 고통을 겪고 있던 1329년에, 중국 원나라에서는 겨울에 많은 비와 눈이 내렸다. 남쪽 양쯔 강 어귀에 있는 호수에 얼음이 수척(1척은 30센티미터) 두께로 얼어붙어 사람들이 평지를 밟듯 걸어 다녔다. 따뜻한 곳에서만 자라는 동정호 주변의 감귤이 거의 얼어 죽었다. 이곳 호수가 얼고 감귤나무가 동사하는 일은 현재까지도 흔한 일이 아니다. 추위와 함께 가뭄까지 자주 들었다. 1333년에는 중국 대부분 지역에서 가뭄에 의한 기근으로 백성들이 굶주렸다. 원 나라 역사를 기록한 『원사』는 그때 상황에 대해 다음과 같이 기록했다.

> 회남淮南과 회북淮北에 가뭄이 들어 백성이 몹시 굶주렸으며, 11월 강남에 가뭄이 들어 기근이 돌았다. 의창義倉의 곡식을 방출하였고, 부자富者를 모아 빈민을 구제하게 했다.

각지에서 농민 반란이 일어났고, 1271년에 건국되어 세계 역사상 최대 규모의 제국을 건설했던 원나라가 100년도 못 되어 명나라로 교체되었다(1368년). 저명한 중국 기후 역사학자 유소민은 "원 말의 한재(가뭄으로 인한 재해) 기록을 통해 당시 얼마나 한재 상황이 심각하였는가를 엿볼 수 있다. 매년 건조하고 가뭄이 들어 백성이 몹시 굶주렸고, 사람이 사람을 잡아먹었으며 사방에서 도적 떼가 난동을 부려 군웅이 들고 일어났다. 천하가 분쟁의 소용돌이에 빠졌으며 원 왕조는 이로 인해 멸망했다."라고 했다.

원나라를 무너뜨리고 명나라를 세운 주원장은 떠돌이 소작농의 아들로 태어나 어려운 유년기를 보냈다. 17세가 되던 해에는 기근까지 덮쳐 부모와 큰형이 영양실조 상태에서 전염병에 걸려 세상을 떠났고, 나머지 형제도 뿔뿔이 흩어졌다. 그는 끼니를 해결하기 위해 절에 들어가 승려가 되었다가 홍건적의 휘하에 들어가 마침내 독자적 세력을 형성했다. 그래서 그를 중국 역사상 가장 극적인 삶을 산 인물로 평가한다.

그 무렵 고려 또한 몸살을 앓고 있었다. 1309년과 1367년에는 한 여름에도 바람이 너무 차가워 사람들이 모두 겨울옷을 입거나 가죽옷을 입었다. 게다가 가뭄마저 이어져 전국 도처에서 백성들이 기근과 전염병으로 몰락해 가고 있었다. 그때 북쪽에서 홍건적이 침략해 오고, 남쪽에서 왜구가 쳐들어와 상황을 더욱 악화시켰다. 조선 건국 세력들이 고려사를 편찬할 때 자신들의 건국을 정당화하기 위해 고려 말기의 상황을 왜곡했을 가능성을 감안하더라도 자연재해가 고려 말기에 집중되었으니, 그 충격을 가히 짐작하고도 남는다. 이런 상황에서 권문세족과 친원파를 제거하려던 공민왕(재위 1351년~1374년)의 개혁 정책은 난관에 부딪힐 수밖에 없었다.

뒤를 이은 우왕(재위 1374년~1388년) 때에는 기후 조건이 더 나빠졌으면 나빠졌지 좋아지진 않았다. 실권을 대신들에게 맡긴 채 환관(내시)이나 악소배(깡패 무리)들과 사냥이나 유희를 즐긴 행태는 이런 상황에서 나온 정신적 공황이었는지도 모른다. 그러므로 최영의 주장에 따라 요동 정벌을 계획했던 것 자체가 애초부터 무리였던 것으로 보인다. 유난히 많은 비가 온 1388년에 위화도에서 회군한 이성계 일파에 의해 우왕은 폐위되고 말았다. 이제 고려 왕조의 멸망은 시간문제였고, 마침내 1392년에 조선 왕조가 개창되었다.

이런 경험을 지닌 조선 왕조는 민심을 우선으로 하는 민본 정책을 중요하게 여겼다. 세종이 즉위했을 때에도 바로 연이어 기근이 들었다. 세종은 그 기근을 잘 극복한 뒤, 민생 우선과 학문 장려 정책을 펴서 조선의 성군이 되었다. 이렇게 보면, 소빙기의 서막이 중국과 한국의 역사를 바꾼 것이다.

마야 문명의 소멸

찬란한 마야 문명

따뜻한 날씨 덕에 감사와 찬양이 유럽을 뒤덮고 있을 때 건너편 아메리카에서는 극심한 가뭄과 혹독한 굶주림이 문명을 뒤흔들고 있었다.

기원전 5세기에 중앙아메리카의 멕시코 남부, 유카탄 반도, 과테말라, 온두라스에 걸친 지역에서 마야 문명이 형성되었다. 대부분의 문명은 기본적으로 큰 강, 넓은 평야, 온화한 기후를 갖춘 곳에서 탄생했지만 마야 사람들은 척박하면서도 덥고 습한 열대 저지대 밀림에서 문명을 꽃피웠고 1,500년 동안 번창했다.

유럽이 비정상적인 기후로 고통 받고 있던 3세기에서 8세기 사이에 마야는 전성기를 누렸다. 인구가 크게 늘고 사회가 복잡해졌다. 마야인들은 상형문자를 만들어 석판에 글을 새겼고, 나무껍질이나 회반죽으로 책을 만들었다. 숫자 0을 최초로 사용할 정도로 수학이 발달했고, 천문학 지식도 매우 높아 일식과 월식 및 별자리 움직임을 관측하

| 마야 달력

고 하늘의 움직임을 정확하게 예측할 수 있는 정교한 역법도 만들었다. 도시에는 신전이나 궁전 같은 거대한 석조 건축물을 세웠고, 관개 시설을 이용하여 농사를 지었다. 잉여 농산물을 교환하기 위해 시장도 열었다.

그런데 찬란하던 마야 문명이 8세기 이후 쇠락하기 시작하더니 10세기 무렵에 갑자기 사라져 버렸다. 그 후 건물과 글자가 새겨진 기둥은 더 이상 세워지지 않았다. 16세기에 스페인이 침공할 당시 마야의 주요 도시들은 이미 오랫동안 폐허 상태로 정글에 뒤덮여 있었다. 높은 피라미드도 뻗어나간 나뭇가지에 밀려 무너져 있었다. 소수의 농민들만이 인근에서 척박한 땅에 옥수수나 콩을 기르며 겨우 연명하고 있었다. 19세기 여행가 스티븐스는 마야 도시의 잔해를 바라보며 이렇게 말했다.

지금 이 순간 나는 이것을 세운 사람들이 누군지, 언제 어떻게 사람들이 떠나고 버려진 잔해가 되었는지, 멸망한 원인이 칼인지 기근인지 전염병인지 어떠한 추측도 하고 싶지 않다.

고대 마야는 수수께끼에 휩싸인 문명이었다. 멸망 이유로 내란설, 토양의 황폐설 등이 제기되었으며 최근에는 멕시코계 주민들에게 정복당했다는 설도 대두되고 있다. 심지어 외계인이 데려갔다는 황당한 이야기마저 나돌았다.

가뭄이 삼킨 마야

최근 고기후 학자들에 의해 마야 문명이 사라진 원인이 밝혀졌다. 바로 대가뭄 때문이었다. 증거는 유카탄 반도 근처의 바다 속 퇴적물에 있었다. 마야 문명 유적지 땅에는 티타늄이 많이 함유되어 있다. 그래서 비가 많이 온 해에는 퇴적물에 티타늄 함량이 많고, 가문 해에는 적다. 그런데 9~10세기에는 티타늄 양이 극히 적었다. 이 시기에 가뭄이 극심했다는 증거이다. 심지어 50년 이상 가뭄이 지속된 때도 있었다고 한다.

마야 문명은 주기적으로 비가 내리는 지역에서 발달했다. 여름에는 비가 많이 내리지만, 겨울에는 아주 건조했다. 게다가 석회암 지대라 수분을 보존하지 못하고 빗물을 그냥 흘려보낸다. 그래서 마야인들은 정교한 방법으로 저수지를 만들거나 우물을 파서 물을 확보했고, 그 물로 농사를 지었다. 그런데 가뭄이 계속되면서 저수지와 우물이 바닥을 드러내기 일쑤였다. 자연히 농업용수가 부족해졌고 옥수수 생산량이 감소하기 시작했다. 오랫동안 지속된 가뭄은 마야 지역을 뒤흔들기 시작했다.

위기에 처한 마야인들은 비를 내려 달라고 빌기 위해 물과 관련된 신을 섬기기 시작했다. 왕들 역시 통치권을 강화하며 신에게 사람을 제물로 바치기까지 했다. 그러나 가뭄은 계속되었다. 무덤에서 나온 유골들을 보면 후대로 갈수록 남자의 신장이 작아지고 기생충과 빈혈 등 각종 질환을 앓은 사람이 많아졌다. 특히 전염병에 감염되거나 성장 장애를 겪은 어린이가 많았다. 이는 장기적인 식량 부족과 영양 결핍을 보여 준다. 유골에 나타나는 불에 타고 이에 씹힌 흔적은 식인의 흔적으로 볼 수 있다.

이 절망적인 상황은 농촌보다는 도시에서 더 심각했다. 인구 집중

| 마야인들의 피라미드는 신을 모시기 위한 신전 역할을 했다.

세상을 바꾼 기후

과 집약 농업이 상황을 악화시켰던 것이다. 왕의 신성한 권위는 땅에 떨어졌다. 이를 만회하기 위해 왕은 농민에게서 더 많은 식량을 거두어들였다. 농민들은 반란을 일으켰고, 왕은 더 강력하게 진압했다. 악순환의 연속이었다. 부족한 식량을 확보하기 위해 도시들끼리 정복 전쟁을 치르는 상황까지 벌어졌다. 전쟁은 치열했다.

> 포로들은 가혹한 고문을 당했고 결국에는 참혹한 방법으로 희생되었다. 손가락을 힘껏 잡아당겨 뽑아내고 이를 뽑으며, 아래턱을 잘라내고 입술과 손가락 끝을 베어내며, 손톱을 뽑아내고 바늘로 입술을 뚫는 등 고문하는 모습이 기념물과 벽화에 생생하게 그려져 있다. 그렇게 고문한 후에는 포로들의 손과 발을 묶어 공처럼 둥그렇게 만들어 신전의 가파른 계단 아래로 굴려버렸다.
>
> —재러드 다이아몬드, 『문명의 붕괴』

이런 치열한 전쟁으로 인구가 급격하게 줄고 도시들도 하나씩 황폐해졌다. 마침내 10세기에 마야 문명은 사라지고 말았다. 극심한 가뭄이 마야 문명을 붕괴시켰다. 소수의 농부들만이 고지대를 빠져나와 물이 있는 바닷가나 강가 또는 호숫가에서 살아남았다. 황폐해진 도시는 울창한 밀림에 뒤덮여서 19세기까지 묻혀 있었다. 고고학자들이 아니었다면 지금까지도 묻혀 있었을지 모르겠다.

사라진 인디언의 전설

10~11세기 무렵에 미국 남서부 로키 산맥의 고산 지대에는 인디언들이 옥수수 농사를 지으며 살고 있었다. 마을은 하천 계곡에 널리 분포되어 있었고 평화로웠다. 그런데 12세기 무렵부터 환경이 갑자기 변했다. 수분이 많이 필요한 긴 풀은 밀려 나가고, 짧은 풀이 널리 퍼지기 시작했다. 나무과에 속하지 않는 꽃가루가 증가한 것으로 보아 나무는 살기 어렵고 잡초가 살기 좋은 거친 환경이 조성된 것으로 보인다. 또한 사람들의 식단이 아무 데나 사는 사슴에서 물을 찾기 위해 강가로 모인 들소로 바뀌었다. 이는 강수량이 감소했다는 증거이다.

마침내 건조한 지역의 마을은 완전히 사라지고 말았다. 마지막에 세워진 것으로 추정되는 건물은 12세기 전반기 것이다. 대신 강 골짜기의 넓은 지역에 마을이 집중되기 시작했는데, 그마저도 14세기에 사라져 버렸다. 마을 유적지에서 인육을 먹었다는 증거가 발굴되었고, 시신을 매장하지 않고 불태운 흔적도 있었다. 화살촉이 박힌 시신이 발견되고 전쟁 시설이 늘어났다. 가뭄으로 인해 인정사정없이 죽이고 불태우는 최악의 상황이 만들어졌다. 후대 외부인의 발길이 닿지 않았다면, 지금까지 묻혀 있을 역사이다.

세상을 바꾼 기후

기온 하강	300년경	
	481년	프랑크 왕국 건국
	900년경	마야 문명 붕괴
	912년	노르만족 이동
중세 온난기	1000~1300년	
	1005년	바이킹 북아메리카 정착
	1077년	카노사의 굴욕
	1096년	제1차 십자군 원정
	1163년	노트르담 성당 착공
	1215년	파리 대학 설립
	1244년	베를린 건설
유럽 폭우, 기후 냉각화	1315년	유럽 대기근
	1337년	백년 전쟁
	1347년	흑사병 유럽 전파
	1350년	그린란드 무인도화
	1358년	프랑스 자크리의 난
	1368년	원 멸망(명 건국)
	1381년	영국 와트 타일러의 난
	1392년	고려 멸망(조선 건국)
	1453년	동로마 멸망
소빙기	1500~1700년	

4
소빙기,
근대를 앞당기다

1만 년 전 마지막 빙하기 이후
가장 추운 기후가 나타났다.
소빙기의 절정이었다.
고산 지대의 빙하가 크게 확장되었으며,
북극에서 내려오는 해빙이 많아지고,
강물이 자주 얼었다.

소빙기의

조짐이 14~15세기에 나타나더니 16세기부터 기온이 급격하게 하강하여 300여 년 동안 추운 기후가 계속되었다. 이때를 기후학자들은 '작은 빙하기'라는 뜻으로 소빙기小氷期라고 한다. 쇠약해진 태양 활동, 화산 폭발, 행성 충돌 등이 원인으로 얘기된다.

소빙기 기후는 냉각화와 함께 건조화라는 특징이 있다. 17세기에는 날씨가 크게 추워 농작물의 성장 기간이 단축되고 냉해를 입는 경우가 잦아 곡물의 생산량이 줄어들었다. 또한 가뭄에 의한 흉작이 이어져 기근이 끊이지 않았다. 잊을 만하면 찾아오는 대기근은 사회를 뒤흔들고, 국가의 운명을 좌우하기까지 했다.

작은 개울이 모이면 큰 강이 되는 법이다. 좀도둑이 날뛰면 도적떼가 생기고, 도적떼가 날뛰면 변란의 싹이 트는 것이 인류 역사의 오랜 경험이다. 기근은 민중봉기의 단초가 된다. 먹을 것을 잃은 사람들은 다른 지역으로 이동하여 새로운 삶을 개척하는가 하면, 도적 무리가 되기도 한다. 그와 더불어 그들을 규합하여 전통적 가치를 공허한 이념으로 돌리는 지식인이 등장한다. 각종 유언비어가 난무하는 가운데 새로운 세상을 꿈꾸는 집단과 사상이 등장하고 지배 집단 사이의 정치적 스트레스도 점점 높아진다. 후한 시대 황건적의 난은 극심한 가뭄으로 인하여 백성들의 삶이 피폐해지면서 발생했고, 당 말기의 황소의 난도 그러했다.

한랭 기후는 의식주에도 영향을 미쳤다. 온돌처럼 보온을 강화하는 주택 시설이나 따뜻한 의복이 유행했다. 미술이나 음악 등의 예술에도 추운 날씨는 영향을 미쳐 겨울 풍경화나 해가 희미한 그림이 많이 그려졌다.

소빙기 기후

냉장고로 변한 지구

소빙기에는 겨울이 일찍 찾아와 매섭게 맹위를 떨치다 봄 늦게까지 지속되었다. 여름에도 겨울옷을 입어야 하고 모기와 파리가 사라질 만큼 서늘했다.

16세기 후반, 북유럽에 있는 덴마크는 겨울 기온이 20세기에 비해 1.5도 낮았다. 중유럽 스위스의 겨울 평균 기온은 이전이나 이후보다 약 1.3도 낮았다. 잉글랜드는 여름 기온이 16세기 전반이나 20세기 초보다 0.6~0.8도 낮았다고 한다. 전체적으로 북유럽 기온이 이전보다 1.5~2도 떨어진 셈인데, 20세기 중반의 온도 상승폭과 비슷한 수준의 하락폭이다. 이 정도의 기온 차가 인류 역사를 뒤흔들었다.

기온이 내려가자 북유럽에 빙하가 확장되었다. 1601년 알프스의 빙하가 확장되어 멀쩡한 마을을 덮치기까지 했다. 지금은 맑은 물이 흐르는 강물을 당시의 여행가는 말을 타고 얼음 위로 건넜다. 빙하가

| 피터르 브뤼헐, 「눈 속의 사냥꾼」(1565)

확장되자 농지는 개간 이전의 황무지 상태로 돌아갔고, 교회는 십일조 징수가 어려워졌다.

네덜란드 출신의 화가 브뤼헐은 1564년~1565년의 길고도 매서운 겨울 풍경을 사실적으로 그림에 담았다. 「눈 속의 사냥꾼」이라는 작품에는 눈 속에서 힘들게 사냥을 하고 돌아오는 사냥꾼과 개, 얼어붙은 연못에서 썰매와 스케이트를 타며 노는 아이들, 그리고 멀리 빙하로 뒤덮인 산이 사실적으로 묘사되어 있다. 브뤼헐의 「음산한 날」이라는 그림에는 찬바람이 회색구름을 앞세워 달을 가린 하늘 아래, 눈 내린

정상과 함께 강철처럼 회색으로 빛나는 산들이 얼어붙은 도시 위로 솟아 있고 폭풍으로 조난당한 배와 황폐화된 연안의 마을들이 등장한다.

기온이 내려가면 눈이 많이 내린다. 알프스의 빙하가 확장되던 때 스위스 취리히의 적설 기간은 현재보다 배 이상 길어졌다. 봄철에도 눈이 자주 와서 습도가 매우 높고 기온이 크게 내려갔다. 봄에는 작년에 씨를 뿌린 작물을 수확하거나 새로 씨앗을 뿌려야 하는데, 이미 자라고 있는 작물은 높은 습도 때문에 썩거나 병을 얻었고, 새로 씨를 뿌리기도 불가능했다.

북유럽 전체가 냉장고로 변해 버렸다. 봄이 시작되는 시기가 한 달 가량 늦어져 봄이어야 할 3월은 여러 해 동안 겨울이었다.

얼어붙은 강과 호수

추운 날씨로 인해 강과 호수가 자주 얼었다. 스위스 알프스의 큰 호수는 사상 유례가 없을 정도로 자주 얼었다. 알프스에서 지중해로 흘러 들어가는 강들까지 반복해서 얼어붙었다. 따뜻한 지중해 지역의 강이 얼었다는 사실은 얼마나 추위의 강도가 셌는지를 짐작하게 한다. 현재는 거의 얼지 않는 네덜란드 운하도 주기적으로 얼어 교통이 두절되었다.

간헐적으로 얼던 런던의 템스 강은 17세기에 10회나 결빙되었다. 18세기 전반에도 템스 강 결빙이 11회에 이르렀다. 이 회수는 현재까

| 아브라함 혼디우스, 「템스 강의 겨울 축제」(1684)

지 최고 기록이다. 당연히 배가 다닐 수 없었고, 얼음 위에 사람들이 나와서 놀고 물건을 파는 진풍경이 벌어졌다.

1676년 12월에 화가 아브라함 혼디우스는 런던의 얼어붙은 템스 강 위에서 여우를 쫓는 사냥꾼들을 그렸다. 그로부터 불과 8년 뒤부터는 템스 강의 얼음판 위에 시장이 서기 시작했다. 1683년 12월 초부터 혹독한 추위가 몰아닥쳤다. 그 추위로 여행객과 말이 얼어 죽었다. 23일에 이르자 강이 얼기 시작했다. 1684년 템스 강이 얼었을 때 강 위로 마차와 말 들이 건너다녔고, 고기를 굽고 상품을 진열한 천막시장이 들어섰다. 석탄을 태우는 연기가 하늘을 가린 가운데 심지어 인쇄소까지 문을 열었고, 스케이트장, 마차 경기장, 연극 공연장, 식당, 주점,

음란한 영업장 등이 성황을 이루었다. 손님을 부르는 점포 주인들의 목소리도 치솟아 올랐다. 거의 한 달 반 동안 얼어붙은 템스 강 위에서 축제가 이어졌다. 당시 주 1~2회 열리는 정기 시장과는 다른 형태의 시장이었다. 소문이 나면서 인산인해를 이루었고, 왕실 가족들까지 나와 구경했다. 도심에서 강가까지 정기적으로 운행하는 마차도 등장했다. 이때 열린 시장이 계기가 되어 런던의 정기 시장이 상설 시장으로 바뀌게 되었으며 영국의 상업 문화가 성장하는 데 영향을 미쳤다.

중국 아열대 지역에 있는 강과 호수도 17세기에 자주 얼었다. 1654년에는 따뜻하다고 소문난 강남의 양쯔 강 주변의 강과 호수가 얼어 그 위를 사람들이 걸어서 왕래했다. 이듬해 1655년에는 상하이 옆을 지나는 강이 꽁꽁 얼어붙어 선박 운행이 불가능했다. 20여 년 뒤에는 상하이에 눈이 1미터 이상 내려 한 달여 동안 녹지 않은 적도 있었다. 이 무렵 인근 지역에서는 호수가 얼어 산처럼 융기했고, 하천이 어른 키만큼의 두께로 얼어 사람들이 가축을 끌고 지나다녔다. 1690년에는 강남의 여러 하천과 호수가 얼었다. 소빙기 기후가 아니고서는 좀체 보기 드문 현상이었다.

우리나라 한강도 이 무렵에 자주 얼었다. 이전까지 한강은 보통 음력 12월 3일 무렵부터 얼기 시작했는데 17세기에는 이보다 이른 시기에 결빙되는 경우가 잦았다. 심지어 음력 9, 10월에 결빙되는 경우도 여러 번이었다. 그리고 음력 1월 말에는 완전히 녹는데 17세기에는 늦게 녹거나 늦게 어는 일도 잦았다. 심지어 1670년에는 봄꽃이 피기 시작하는 음력 2월 20일에 한강이 꽁꽁 얼어 그동안 흡족하게 저장하지 못한 얼음을 깨서 빙고에 저장하기도 했다. 이른 결빙과 늦은 해빙으로 인해 어로, 운송, 국방 등에서 곤란을 겪어야 했다. 특히 강으로 운송되는 물자와 세금을 거두지 못해 대란이 일어났다. 이는 한국 역사상 최악의 기근으로 평가받는 '경신 대기근'의 서막이었다.

강물뿐만 아니라 바닷물도 자주 얼고 해빙도 확장되었다. 17세기 후반에 잉글랜드와 프랑스 사이의 영국 해협에 5킬로미터의 해빙이 나타났다. 이 무렵 네덜란드의 북극 해안도 30~40킬로미터가 얼어 선박 운항이 불가능했다. 아이슬란드는 1695년에 해빙으로 둘러싸여 수개월 동안 완전히 고립된 적도 있었다. 그곳 이누이트인이 위험을 무릅쓰고 카약에 의지해 스코틀랜드 북부까지 내려왔다고 한다. 아마 먹을 것을 구하기 위해 모험을 감행했을 것이다.

우리나라 동해는 해양학 이론상 거의 얼지 않는데 17세기에 무려 6회나 얼었다. 1655년(효종 6년)에는 화창한 봄날인 4월 9일에 강원도 양양, 강릉, 삼척의 바닷물이 얼어 사흘이나 지속되었다. 두 달 뒤인 6월에는 제주도에 대설이 내려 나라에 바치는 말 900여 마리가 죽었고, 전국에 계란만 하거나 탄환만 한 우박이 내렸고 진한 서리도 내렸다. 더 충격적인 일은 1709년(숙종 35년) 음력 6월에 강원도 북단 간성과 남단 울진(현재는 경상도) 바다가 얼었을 때다. 해수욕장을 개장할 때에 바다가 얼었다는 말이다. 이로 인해 어업 피해가 극심할 수밖에 없었다. 이 무렵 정치적 갈등 또한 심해졌다. 상복을 몇 년 입을지를 놓고 다투는 예송 논쟁이나 숙종에 의한 잦은 환국, 그리고 까닭 없이 남이 못되기를 바라는 저주 사건 등은 이 시기에 일어났던 일들이다.

포도와 감귤의 흉작

2010년 겨울, 우리나라는 잦은 폭설과 근래 겪기 힘든 강추위에 시달렸다. 기상 관측 이래 가장 먼저 한강이 얼었다거나, 가장 추운 달이었다는 뉴스가 연일 기록을 갱신하며 보도되었다. 2011년 봄이 되자 그 후유증이 나타나기 시작했다. 겨울 채소가 죄다 얼어 죽어 봄 반찬값이 껑충 뛰었고, 추위에 벌이 사라져 과수나무 착화가 안 되자 그해 과일 값이 만만치 않았다. 당시 우리나라 최대 녹차 산지인 보성에서는 차나무의 70퍼센트 이상이 냉해(여름철 이상 저온이나 일조량 부족으로 농작물이 자라는 도중에 입는 피해)를 입었다.

　포도나무와 감귤나무는 기후에 민감한 나무라 장기적인 기후 변화를 증명하는 데 좋은 지표가 된다. 역사적으로 포도는 서양에서, 감귤은 중국에서 주로 재배되었다. 지중해 지역에서 주로 재배되던 포도는 중세 온난기에 유럽 북서부 지역으로 재배지가 확대되었다. 그러나 영국 남부와 중부까지 확대되었던 포도 농장은 15세기 후반에 이르면 전멸하고, 독일 북부와 폴란드까지 확대되었던 포도 재배지는 16세기 후반에 급격히 남쪽으로 후퇴했다. 가까스로 남아 있던 나무마저 열매 품질이 현저히 떨어졌는데, 독일에서는 1550년~1620년에 양질의 포도주를 생산하는 해의 비율이 이전 시기의 2분의 1에 머물렀다. 이 무렵 독일 이남의 헝가리, 스위스, 오스트리아 등지에서도 포도 수확이 큰 위기를 맞이하여 재정적, 경제적 불안을 야기했다. 오스트리아에서는 포도 수확이 급격히 줄자, 국민들은 포도주보다 값이 싼 맥주를 주로 마셨고, 황제는 포도주 소비세의 부족분을 만회하기 위해 수출세를 두 배로 올렸다.

포도 재배지의 후퇴와 품질 악화는 유럽의 평균 기온이 하락한 탓이었다. 기온 하락은 수확 시기로도 확인된다. 기온이 정상보다 높으면 수확 시기가 빠르고 반대의 경우에는 늦다. 유럽에서는 16세기 말부터 18세기 초 사이에 대체로 수확 시기가 그 이후보다 늦었다. 만약 농민들이 변화한 기후에 적합한 새로운 종자를 개발했다면, 기후 변화로 인해 인류의 발전이 있었을 것이다.

중국의 감귤도 비슷한 상황을 겪었다. 중세 온난기에 감귤 재배지가 확대되어 양쯔 강까지 올라왔다. 그 중심지는 타이후 호와 둥팅 호였는데, 특히 둥팅 감귤은 천하일품으로 평가받았다. 그런데 16세기 전기에 둥팅 감귤 농장이 동해를 입어 뽕이나 대추로 대체되기 시작하더니, 후기에 이르러서는 급격하게 줄어들었고 품질 또한 크게 떨어졌다. 대신 양쯔 강 한참 아래의 푸젠이나 장시 지역에서 생산되는 감귤이 빈자리를 채웠다. 하지만 17세기 후반에 이르면 장시에서도 감귤 재배가 어려워졌다. 소빙기 기간 동안 감귤의 북방 한계가 계속 내려오고 있었던 것이다. 오늘날에는 눈이 오지 않는 남쪽 광둥 지역에 당시에는 6~8일간이나 눈이 내려 산이 얼음으로 막히고 수목이 모두 빙설로 뒤덮였다.

> 1618년 겨울 12월, 광둥에 눈이 내렸다. 당시 계속 흐렸고 추위가 심하였으며 대낮에 구슬 같은 눈이 내렸다. 다음 날도 거위 털같이 흰 눈이 내렸다. 6일 내지 8일이 지나서야 그쳤다. 산의 봉우리는 모두 얼음구슬처럼 되었으며 숲은 빼어나게 아름다웠다. 노인들은 종래 없었던 일이라 하였다.
>
> ─『광동통지』

위 기사는 당시의 기후가 얼마나 혹한이었는지를 엿볼 수 있다. 현재는 기후가 온난해져 감귤 재배지가 양쯔 강 북부 지방까지 올라가 있다.

이때 우리나라에서는 대나무가 큰 피해를 입고 있었다. 대나무는 일상 생활용품, 무기, 약재, 반찬(죽순)을 만드는 데 필요한 재료이다. 대나무는 따뜻한 곳에서 자라기 때문에 우리나라에서는 전라도, 경상도, 충청도에서 주로 서식한다. 그런데 17세기에는 추운 날씨 때문에 대나무 작황이 좋지 않았을 뿐만 아니라 동사하는 경우가 잦았다. 대나무를 정부에 상납하는 지역에서는 보내는 시기나 수량을 맞추지 못하고, 질이 낮은 대나무를 상납하는 일이 잦았다. 당연히 정부는 책임자를 처벌하고 납세자는 처벌에 반발하는 일 또한 잦아질 수밖에 없었다. 기후 변화가 별의별 사회 혼란을 가져왔던 것이다. 그렇지만 그 사이에 대나무를 잘 재배하여 재미를 보면서, 정부의 세금 정책을 자신들에게 유리한 쪽으로 개편하려는 사람들도 있었다.

남쪽으로 내려가는 사람들

2013년 1월, 전남 순천만을 찾은 겨울 철새가 전해의 두 배에 이르렀다. 겨울을 나기 위해 우리나라를 찾은 철새들이 강추위와 폭설을 피해 더 남쪽으로 이동했기 때문이다. 탐조객이 늘어 지역경제에 도움이 될 거라고 반겼지만, 그 옆 여수 해안 양식장에서는 가마우지 떼가 나타나 물고기를 대거 먹어치워 어민들에게 피해를 주었다. 중부 지방 등에 흩어져 있던 가마우지가 계속된 강추위를 피해 남해로 대거 이동했기 때문이다. 혹한이 철새를 이동하게 한 셈인데, 사람이라고 예외일 수는 없다.

소빙기의 충격은 북쪽에 가까울수록 심했다. 추위도 문제였지만, 먹을 것이 바닥나 더 심각했다. 하는 수 없이 상황이 더 나은 곳으로 떠날 수밖에 없었다. 스코틀랜드 사람들은 남쪽으로 내려와 아일랜드, 잉글랜드, 유럽 대륙으로 이주해 대부분 용병이 되었다. 그래서 유럽 군대 어디에서나 스코틀랜드 장교를 찾아볼 수 있었다. 북아일랜드로 이주한 스코틀랜드 사람들은 아예 현지인을 몰아내고 그곳을 차지했다. 스코틀랜드에 남은 사람들은 연이은 흉년으로 고통을 겪고 있었다.

가난한 사람들이 많은 양의 쐐기풀을 뜯기 위해서 자주 교회에 딸린 묘지에 왔고, 자주 쐐기풀 때문에 싸웠다.…… 가난한 사람들은 게걸스럽게 쐐기풀을 먹었다.

—싱클레어, 『스코틀랜드 통계보고』

아일랜드 사람들도 남쪽으로 이동했다. 가까운 프랑스가 목적지였다. 사제, 귀족, 서민 가릴 것 없이 다섯 명 또는 열 명씩 몰려다녔다. 1652년에는 그 규모가 수천에 달하기도 했다. 노르웨이는 수도를 북부 트론헤임에서 남부 오슬로로 옮겼다. 유럽 사람들 모두가 남쪽으로 향하고 있었다.

유럽뿐만 아니라 요동 지방에 살고 있는 중국 사람들 또한 17세기 초기에 대거 조선으로 내려왔다. 후금이 건국되어 명나라를 공격하던 때이기도 했지만, 더 큰 원인은 계속되는 한랭 기후 때문에 기아에 허덕이다 먹을 것을 찾아 탈출한 것이다. 조선에 들어온 사람들이 10여 년도 못 되어 무려 100만 명에 이르렀다는 주장도 있지만 20만~30만 명 정도였을 것이다. 어쨌든 이들의 탈출로 요동 지역이 텅 빌 정도였다고 한다. 조선은 이들에게 제공하는 식량 때문에 골치를 앓았지만, 이들을 이용하여 후금의 군사적 압력에 대응하려고도 했다. 당연히 송환을 주장하는 후금의 요구가 빗발쳐 외교 문제로 번졌고, 급기야 호란胡亂을 당하고서야 부랴부랴 송환 작업에 나섰다. 조선에 남은 중국 사람들은 정부의 지원을 받고 남쪽 바닷가 등지에 새 삶의 터전을 마련했다. 사실 호란은 조선과 명의 관계를 끊으려는 후금의 정치적인 목적도 있었지만 조선으로부터 식량 등의 물자를 약탈하려는 경제적 목적이 더 중요했다. 왜냐하면 당시 후금 역시 참혹한 기근으로 식량난을 겪고 있었기 때문이다.

수도를 남쪽으로 옮긴 사례에 나타나듯이, 인구 이동은 국가 안에서도 이루어졌다. 17세기 후반, 프랑스 남부의 한 지역에 거지들이 대거 몰려들었다. 그들을 내쫓지 않고 받아 주었다고 벌을 받은 주민이 있었다. 성당에서는 그들을 위한 구호소를 만들었다. 매년 수십 명 또는 수백 명씩, 65년 동안 4만 명 이상이 구호소를 거쳐 갔다. 그들은 대부분 프랑스의 산간 지방이나 북부 지방에서 왔고, 북유럽에서 내려온 사람들도 적지 않았다.

조선 내부에서도 북부 지역에서 남부 지역으로 인구가 대거 이동했다. 15세기에는 인구수가 ①경상도 ②평안도 ③충청도 ④전라도 순이었는데, 17세기를 거치면서 ①경상도 ②전라도 ③충청도 ④평안도 순으로 바뀌었다. 2위를 달리던 평안도가 4위의 전라도에 자리를 내준 배경은 기후가 추워지며 북쪽 지역의 피해가 더 심했기 때문일 것이다. 생존 조건이 불리한 북쪽을 떠나 남쪽을 찾아 나선 기나긴 이동 행렬이 지역 간 인구수를 변하게 한 것이다.

의식주 문화를 바꾼 기후

추워진 날씨, 새로운 유행

인류가 다른 동물들과 구분되는 대표적인 특징 가운데 하나가 옷을 입고 신발을 신는다는 점이다. 그러면 인류는 언제부터, 왜 옷을 입고 신을 신었을까? 아마도 추워진 지구 기후에 적응하기 위해서 의복이 발명되었을 것이다. 패션 또한 기후 영향을 받을 수밖에 없었다.

중세 온난기 때에는 복장과 장신구가 화려했다. 남녀 모두 긴 머리에 파마를 하고 사치스러운 모자를 즐겨 썼다. 부유층은 지나치게 치장에 열중했다. 여자들의 머리치장은 상상을 초월할 정도로 고가였다. 남자들은 엉덩이까지만 내려오는 짧은 상의를 입었고, 여자들은 가슴이 훤히 보이고 허리를 잘록하게 하는 옷을 입었다. 당연히 각종 복식 금지령이 뒤따랐다.

하지만 소빙기에는 다른 모습이 연출되었다. 방한용 모자나 장갑 및 목도리가 유행하기 시작했고, 속옷이 널리 보급되었다. 겉옷은 검

| 페테르 루벤스, 「브리지다 스피놀라 도리아 후작부인의 초상」(1606)

은색에 두터운 옷감을 즐겨 이용했다. 여성들은 마스크와 베일을 쓰기도 했다.

초상화에 나타난 프랑스 여성의 패션 변천을 보면 프랑스 대혁명 전후에 목덜미가 머리까지 덮는 옷이 유행했다. 그리고 가슴을 숨기는 '부점 프렌드'bosom friend라는 속옷이 유행했다. 가슴을 노출시켜 섹시함을 강조했던 이전의 대담한 디자인은 사라지고 보온력을 높이는 패션이 유행했음에 분명하다. 여성의 의상을 복고풍으로 돌아가게 한 것은 바로 날씨였다.

소빙기가 절정에 이르렀던 1689년에 중국 상하이에서는 다음과 같은 일이 있었다.

> 5월 5일에서 25일까지 음산한 비가 20여 일 동안 계속 내렸다. 날씨는 서늘하여 늦가을 같았다. 낮에는 겹옷을 입었고, 밤에는 솜이불을 덮어야 했다.
>
> ─엽몽주, 『열세편』

상하이는 우리나라 제주도보다 한참 아래에 있어 따뜻한 곳이다. 음력 5월이면 여름이나 마찬가지인데 날씨가 늦가을처럼 서늘해 낮에는 겹옷을 입었고, 밤에는 솜이불을 덮어야 했다.

우리나라도 1655년 초여름 때 제주도에 대설이 내렸고 날씨가 추워 두터운 겨울옷을 입었다. 영의정 이시백은 6월 22일에 근래 일기가

매우 추워 민간의 하층민들이 아직도 겨울옷을 벗지 않고 있다고 말했
는데, 오늘날 같으면 상상할 수 없는 일이 벌어진 것이다. 자연히 보
온력이 뛰어난 방한복이 인기를 끌었다. 솜옷이 유행해 목화 재배지가
평안도와 함경도까지 확대되었고, 가죽으로 만든 조끼나 귀마개가 유
행해 모피 수요가 증가했다. 조선의 패션에 일대 변화가 온 것이다.

2011년 동일본 대지진이 발생한 지 1년 뒤, 도쿄 젊은 여성들이 하
이힐보다는 단화를 선호했다고 한다. 위급할 때 신속하게 움직이려면
단화가 더 유리했기 때문에 멋을 포기한 것이다. 재난이 신발 선택에
영향을 미친 사례인데, 일정 기간 지속되면 하나의 새로운 문화가 등
장하게 된다.

식탁을 바꾼 기후

흉년이 잦으면 구황식품이 개발된다. 대기근이 한창인 17세기 말기에
홍만선이 『산림경제』를 저술하여 솔잎이나 도토리 등을 가공하여 먹는
방법 등 각종 구황 방법을 제시했다. 이 외에도 이 시기에 여러 권의
구황 서적이 출판되었는데, 한문을 잘 모르는 평민들을 위해 한글본을
별도로 만들기도 했다. 또 가뭄에 밭작물이 잘 견딜 수 있도록 골 사이
에 씨를 뿌리는 방법이 보급되었고, 이른 서리와 한파에 대응하기 위
해 일찍 수확할 수 있는 조생종이 널리 재배되었다. 모내기 시기에 가
뭄이 들어 자주 낭패를 보자 정부는 모내기를 금지하기까지 했다. 조

선 후기에는 고구마와 감자가 우리나라에 전래되어 기근 극복에 기여했다.

감자와 옥수수는 아메리카에서 전래되어 유럽의 대표적인 구황작물이 되었다. 아일랜드에서는 17세기 후반에 감자를 대규모로 재배했다. 18세기에는 유럽에서 동쪽과 북쪽으로 전파되어 밀 수확이 적거나 흉작이 든 습윤한 해에 기근의 위험을 줄이는 데 기여했다. 옥수수는 1670년대에는 유럽 남부 지역에서만 재배되다가 1780년대에 이르면 유럽 전역에서 널리 재배되었다. 스페인, 포르투칼, 이탈리아에서는 주식이 되기도 했다. 이제 옥수수는 벼, 밀과 함께 세계 3대 곡물이 되었다. 우리나라에는 16세기에 중국에서 전래된 것으로 알려져 있다.

로마 시대 이래로 대구는 유럽인의 대표적인 단백질 공급원이었다. 북대서양에서 아이슬란드 주변과 그린란드 남쪽이 주요 대구 어장이었다. 소빙기 때 그린란드 쪽에서 해빙이 내려오자 전 유럽이 긴장할 수밖에 없었다. 밀려오는 해빙으로 북해의 수온이 3~5도 정도 낮아지자 물고기가 살 수 없어 어업이 장기간 불황이었다. 1675년~1704년에 이르면 아이슬란드 근해에서 대구가 전혀 잡히지 않았다. 먼 바다에서 사라진 대구는 육지와 가깝고 더 따뜻한 스페인, 노르웨이, 스웨덴 해역으로 몰려들었다. 노르웨이와 스웨덴 해안 지역은 어획고가 올라가면서 인구가 늘었고, 외국에서 수입한 소금에 절여 발트 해 동부 지역의 곡물과 교환했다. 스페인의 바스크족 어부들은 생전 처음 본 낯선 대구를 엄청나게 잡아 소금에 절여 국내와 지중해에 팔았다.

그리고 대구를 찾아 콜럼버스보다 먼저 북아메리카에 이르렀다.

17세기에는 청어 어업에도 변화가 일어났다. 청어들이 대륙과 접한 발트 해에서 더 추운 바다를 찾아 영국과 가까운 북해로 몰리고 있었다. 그리하여 영국에서 청어 조업이 성행하기 시작했다. 16세기 말 영국의 한 역사학자는 "우리 할아버지 시대에 노르웨이 해역에만 출현했던 청어가 우리 시대에는 매년 우리 해안에 떼를 지어 나타난다."라고 기술했다. 그 결과 영국 어업이 발달하게 되었고, 사람들이 해안에 정착하여 나라가 강해졌다. 소빙기로 인해 북쪽 이웃나라들은 피해를 보았지만 영국은 그나마 이익을 얻었다. 네덜란드 사람들도 자신들이 개발한 대형 쌍돛 어선으로 청어 어업을 대기업으로 발달시켰다. 그래서 암스테르담 건설은 청어 뼈 위에서 이루어졌다는 말이 생겼다. 이 쌍돛배를 영국 사람들은 두세 개의 돛대를 달고 험준한 파도를 헤치고 나갈 수 있는 도거 선으로 개량했다. 영국은 이 도거 선으로 유럽 어업을 장악했다. 원양 어업과 조선업이 발달하여 인류 역사에서 또 하나의 진전이 나타났다.

이때 우리나라에서도 어업 불황과 분쟁이 일어났다. 특히 강한 한류가 깊숙하게 내려오는 동해에서 잦았는데, 동해의 주요 어족인 대구와 청어잡이 상황이 늘 불황이었다. 철따라 와야 할 고기가 아예 나타나지 않아 손을 놓는 날도 있었다. 그래서 어부들은 바다에 고기가 없다고 하소연했다. 어족 공물을 제때에 제 수량을 상납하지 못한 함경도, 강원도, 경상도 지방관들이 자주 문책을 받았다. 반면에 새로운 어장이 형성되기도 했는데, 18세기 초기에 동해에서 명태 어업이 활기를 띠기 시작했다. 명태를 말린 북어는 서울로 들어와 어물전의 주인공이 되었다. 지금은 동해에서 명태가 사라져, 멀리 러시아 해역에서 잡은 명태가 우리 밥상에 올라온다. 기후 변화가 우리 식탁을 바꾸고 있다.

추위가 바꾼 주거문화

난방 기간이 늘어나면서 난방 비용이 증가했으며, 목재 수요의 급증으로 목재가 부족한 상황이 나타났다. 이는 건축 양식에도 변화를 주었다. 유럽의 경우 16세기 말에 고딕 양식의 저택들이 바로크 양식으로 바뀌었고, 목조 건물이 석조 건물로 점차 교체되었다. 그리고 에너지를 절약하는 신형 벽난로가 널리 보급되었다.

우리 민족은 오래전부터 온돌을 사용했다. 고구려 고분 벽화를 보면 침상 온돌에 앉아서 생활하는 모습이 보인다. 발해 유적에서도 온돌이 발견되고 있다. 그러나 오늘날처럼 일반화되지는 않았고, 지배층들만 사용했다. 그런데 추운 기후로 인해 17세기에 이르자 서민에게까지 온돌이 보급된 것이다. 그러므로 누군가가 우리 민족은 원래부터 온돌을 사용했다고 말한다면, 전적으로 맞는 말은 아닌 것이다.

왕실 궁녀들의 경우 온돌에서 살 수 없고, 마룻방에 돗자리를 깔고 살아야만 했다. 그런데 17세기에는 궁녀들이 땔감을 써서 온돌에서 겨울을 나고 있었다. 이를 목격한 민진원閔鎭遠, 1664~1736이 잘못됨을 지적하며 다음과 같이 말하였다.

국법에서는 궁인(宮人)은 감히 온돌에서 거처하지 못하고 마룻방에 돗자리를 깔고 겨울을 났었는데, 지금은 대궐 안에 땔감이 넉넉해서 처음에는 궁인의 족속이 쓰더니 심지어는 부엌에서 이것을 팔아서 쓴다는 소문까지 자자합니다.

－『연려실기술』

왕실을 호위하는 군인들도 원래는 온돌을 쓰지 않았는데, 이 무렵에는 온돌을 만들어 놓고 근무를 했다. 양반들의 글 속에 화로를 껴안고 있다는 구절이 많은 것으로 보아, 기강이 해이해서가 아니라 추워서 어쩔 수 없는 선택이었음에 분명하다.

온돌이 일반화되자 자연히 땔감 수요가 늘어날 수밖에 없었다. 땔감 장수가 널리 활약하고 '나무전 거리'라는 땔감 시장이 도처에 들어섰다. 땔감을 확보하기 위한 산림 분쟁이 잦아져 정부의 산림 정책이 강화되고 산림을 공동 관리하는 송계松契라는 자치 조직이 유행했다. 송계절목松契節目이라는 송계 규약이 현재 많이 남아 있는데, 그 작성 시기가 거의 17세기 후반 이후의 것이다.

기후가 만든
세계 최고의 바이올린

우리나라 바이올리니스트가 영국의 한 상점에서 샌드위치를 사다가 바이올린을 잃어버린 일이 있었다. 영국 한 일간지는 "5,000원짜리 샌드위치를 사려다 21억을 잃어버렸다."라고 보도했다.

어마어마한 액수가 매겨진 바이올린은 이탈리아의 안토니오 스트라디바리(1644년~1737년)가 만든 것으로 그의 이름을 따 스트라디바리우스라고 불린다. 스트라디바리우스는 빛나고 예리한 음색을 지녀 역사상 최고의 악기로 평가받는다. 누구도 모방할 수 없는 악기의 비밀에 대해 다양한 추측이 제기되었다. 마침내 음악가들과 과학자들은 악기의 비밀이 목재의 재질에 있다는 결론에 이르렀다. 일반적으로 목재 악기는 목재의 영향을 민감하게 받는다. 스트라디바리는 소빙기 때 이탈리아를 강타한 한파 속에서 자란 나무만 사용하였다. 추위로 나무의 성장이 느린 탓에 나이테가 일정하게 촘촘하여 재질이 균질적으로 단단한 상태였는데, 일정하고 조밀한 밀도를 지닌 나무만을 골라 탄성이 높고 좋은 소리를 내는 악기를 만들었던 것이다. 소빙기가 불멸의 명품 악기를 탄생시킨 셈이다.

경제 불황, 사회를 바꾸다

대기근, 민란의 단서를 제공하다

기후 변화란 한편으로는 위기를 제공하고, 또 한편으로는 기회를 제공하는 양면성을 가지고 있다. 17세기에는 흉작으로 인해 식량이 부족할 때가 많았다. 난징은 그 당시 중국에서 가장 발전한 지역 가운데 하나였는데, 끔찍한 기근이 발생하자 먹을 것을 구하기 위해 어린 딸을 헐값에라도 팔려는 사람도 있었다. 명(1368년~1644년) 말기, 중국 백성들은 정치 부패와 군사비 증가에 따른 가혹한 수탈에 시달렸다. 게다가 해마다 발생하는 극심한 한파와 가뭄으로 기근이 계속되었다. 이 무렵 산시 지방의 기근 현황은 다음과 같다.

1622~1629년, 8년간 내내 가물고 비가 오지 않았다. 1633년 시안에 가뭄과 기근이 들어 굶어 죽은 시체가 길에 널려 있었다. 미지란 곳이 몹시 가물었는데, 한 말의 쌀값이 1천 전이나 하였고 사람이

서로 잡아먹었다.

기근이 계속되면서 여기저기서 기아 폭동이 일어나고, 점차 나라에 반기를 든 농민 반란으로 발전했다. 그때 가세가 기울어 목동, 역졸, 군인 등을 전전하던 이자성이라는 사람이 식량 배급이 제대로 되지 않자 병란을 일으켜 농민군에 가담했다. 처음에는 고영상의 부장이었지만, 고영상이 죽은 이후에는 봉기군의 대장이 되었다. 하지만 명나라 정부의 진압으로 세력은 주춤했다.

그런데 1639년~1640년에 중국 전역에 다시 가뭄과 메뚜기 피해로 기근이 들자, 위축되었던 농만 반란군의 활동이 다시 격렬해졌다. 이자성은 토지를 골고루 나누고 조세를 면제한다는 주장을 내세우고 굶주림에 시달리는 사람들을 모아 세력을 확대했다. 이자성이 자금성을 함락하자, 마지막 황제는 부인과 딸을 죽이고 자살했다. 이로써 명나라는 277년 만에 멸망했다(1644년). 이자성은 청의 공격으로 퇴각을 거듭하다 결국 패배하여 전사했다. 결국 명말·청초에 이르는 시기에 대기근으로 농민 반란이 일어나 명이 멸망하고 새로운 왕조가 세워진 것이다.

우리나라 역시 17세기에 대기근에 시달렸다. 현종 때인 1670년 봄철에 밭농사가 냉해와 가뭄 피해를 입었고, 여름철에 논농사가 수해를 맞았고, 가까스로 살아남은 작물과 갓 뿌린 씨앗은 가을에 강풍 피해와 충해와 냉해를 입었다. 전례 없는 대흉작이 들었다. 정부는 전국적인 행정망을 총 가동하여 농작물 상황을 조사했다. 전국 360개 고을 모두가 흉작을 입었다. 성한 곳이 한 곳도 없었다. 이 대기근은 재해를 만나 1671년까지 이어졌다. 1670년~1671년 대기근을 경신 대기근이라고 한다. 살기 위해 초근목피로 연명했고, 인육을 먹은 사람도 있어 전국을 발칵 뒤집어 놓았다. 무료 급식소를 개설했지만, 별다른 효과를 보지 못했다. 대불행을 예고하는 전주곡이 도처에서 들려왔다. 2년 내내 전염병과 가축병이 전국에 들끓었고, 유독 혹독한 겨울 추위가 엄습해 왔다. 경신 대기근은 기근, 전염병, 가축병, 혹한이 겹친 대재앙이었다. 대재앙은 조선 사회를 숨 쉴 여유도 없이 구렁텅이로 몰아넣었다. 2년 동안 전체 인구의 25퍼센트에 해당하는 100만 명이 죽었다. 곳곳이 시신으로 넘쳐 공동묘지가 도처에 생겨났다.

숙종 때인 1695년과 1696년에 또다시 대기근이 들었다. 이를 을병 대기근이라고 하는데, 100만 명 가까이 죽었다는 소문이 온 조선을 뒤덮었다. 식량 주권국가를 주장해 온 정부는 염치불문하고 청나라에 곡물을 요청하여 구호에 나섰다. 또한 사치를 조장한다고 미덥지 않게 여기던 동전을 대량으로 주조하여 구호비에 투입했다. 조선 역사상 좀체 보기 드문 일이 대기근 때문에 발생했다. 숙종 때는 네 번이나 정권이 교체되는 등 정쟁이 극에 달했던 시기인데도 곡물 수입과 동전 주조에 여러 당파들이 쉽게 동의했다는 점은 그만큼 민생 안정이 절박했다는 뜻이다.

대기근이 들었을 때는 크고 작은 도둑질과 반란이 일어났다. 조선의 3대 의적으로 홍길동, 임꺽정, 장길산을 든다. 이 가운데 장길산이 도둑의 괴수가 되어 일당을 규합하여 황해도 일대에서 새로운 사회를 건설하겠다고 활약한 시기가 을병 대기근 때이다.

> 근년에 오면서 거듭 기근이 들어 백성들의 생활이 궁핍해져 명화적들이 사람을 죽이고 재물을 약탈하는데, 곳곳마다 그러했으나 관리들이 모두 금지시킬 수 없었다. 심지어 산 사람의 인육을 먹고 시체의 수의를 벗겨서 입으니, 참으로 예전에 없는 변고로서 식자들이 한심스럽게 여겼다.
>
> ─『숙종실록』

도둑떼가 커지면 종국에는 사회를 뒤엎고자 하는 봉기군이 되는 법이다. 이런 끊임없는 민중 봉기에도 불구하고 조선은 건재하여 이후 200년 이상 더 존재했다. 역사란 이처럼 다양하다. 똑같은 조건이라고 동일한 결과가 나오지는 않는다. 그 사회가 지니고 있는 역량에 따라 상이한 결과를 내는 것이다.

화산, 혁명의 불씨를 당기다

1783년 6월에 아이슬란드 남부에서 큰 화산이 폭발했다. 25킬로미터

세상을 바꾼 기후

에 이르는 지역의 140개 화구에서 8개월 가까이 격렬하게 불이 뿜어져 나오더니, 2년 뒤까지 지속되었다. 800만 톤의 유황이 흘러내렸고, 용암이 21개의 마을을 집어삼켰다. 일본에서도 같은 시기에 중부의 아사마 산에서 큰 화산이 폭발했다. 용암이 너비 2킬로미터, 길이 5킬로미터에 이르렀고 1,150명이 목숨을 잃었다. 이 엄청난 재앙은 화폭에 그려져 오늘날까지 전해온다.

이때부터 전 지구의 기후 상태는 비정상적으로 나타났다. 바람의 순환이 예전 같지 않았고, 평균 기온이 내려가고 강수량도 대폭 줄었다. 역사적으로 대규모 화산 폭발 이후에는 세계적인 경제 불황이 있었다. 일본(1783~1787), 이집트·튀니지(1784~1785), 프랑스(1787~1788), 에티오피아(1789), 인도(1789~1792), 아이슬란드(1800~1801), 중국(1810~1811), 포르투갈(1811~1812), 인도네시아(1815) 등 세계 도처에 기근이 들었다. 전 세계에서 600만 명 이상이 굶주림으로 죽었다고 한다. 기근이 들고 경제 상황이 악화되자 곳곳에서 기존의 사회 체제를 뒤엎는 혁명이 이어졌다.

1785년 3월 프랑스는 유례가 없을 정도로 추웠다. 이듬해 1786년에 심각한 가뭄이 들어 1787년에는 프랑스 전역에 기근이 들었다. 농가에서는 건초가 부족해 많은 소들이 도살되었다. 밀농사도 흉작이어서 밀 값이 치솟았다. 일반 백성들은 값싼 호밀과 귀리로 빵을 만들어 먹었고, 일부 상류 계층만이 밀로 만든 빵을 살 수 있었다. 상황이 이렇다 보니 가난한 계층은 수입의 약 55퍼센트를 빵을 사는 데 지출했다. 1788년에도 가뭄이 들고 혹독한 추위가 찾아와 연이어 기근이 들었다. 초대형 우박은 회복하기 어려운 치명타였다. 곡물 창고는 텅텅 비었고 곡물가는 최고점에 도달했다. 날이 갈수록 생활이 어려워지는데 귀족들은 빵 배급을 반대했다. 장발장이 빵 한 조각을 훔친 때도 이 시기였다. 먹을 것을 찾기 위해 이리저리 구걸하며 다니는 사람들이 늘었고, 강탈을 하고 협박을 하는 걸인들도 있었다. 불안 지수가 높아만 가고 있었다. 혁명 직전의 상황이었다. 이 상황을 프랑스 역사학자 텐은 저서 『구체제』에서 다음과 같이 썼다.

> 민중은 마치 물이 코밑까지 찬 상태로 연못 속을 걷고 있는 사람과 같다. 바닥이 조금이라도 꺼져 내리거나 물결이 약간이라도 치게 되면 그는 몸을 가누지 못하고 물속으로 빠져 들어가 숨이 막혀 죽을 것이다.

1789년 초, 수도 파리에서는 치안이 붕괴될 조짐이 나타났다. 지방에서는 영주의 저택을 습격하고 경작 문서를 불사를 뿐만 아니라, 창고를 습격하여 식량을 강탈하기 시작했다. 드디어 전국 곳곳에서 식량 폭동이 일어나 파리로 번지고 있었는데, 프랑스 역사상 최대의 식량 폭동이었다. 루이 16세는 문제를 해결하려고 삼부회를 소집했다. 그런데 귀족들은 삼부회에서 평민 대표를 배제했고 이에 대항하여 평민들은 국민의회를 발족했다. 국왕이 무력으로 국민의회를 해산시키려 하

| 18세기 프랑스에서 빵을 배급하는 모습이다.

자 7월 12일에 파리 시민들은 시위를 벌였고, 정부군이 진압하는 과정에서 시민들의 참혹한 희생이 있었다. 이틀 뒤인 14일에 시민군이 바스티유 감옥을 습격하면서 프랑스 대혁명의 깃발이 올랐다. 프랑스에서 1789년은 역사적인 해이다. 혁명에 의해 왕정이 폐지되고 공화정이 수립되었기 때문이다. 혁명의 불씨를 지핀 것은 기후였다. 이것만으로 프랑스 혁명이 일어났다고 단정할 수는 없지만, 날씨가 방아쇠 역할을 했다는 데에는 거의 논쟁의 여지가 없어 보인다.

안 좋은 날씨는 사회적 불안과 겹쳐 역사를 뒤집는 역할을 한다. 스코틀랜드 독립(1328년)과 멕시코 독립(1821년)에서도 이러한 상황이 재현되었다. 기근이 그곳 사람들로 하여금 결사적으로 잉글랜드와 스페인에 대항하도록 하였기 때문이다. 1848년의 유럽 혁명들도 장기간 지속되어 온 사회적, 정치적, 경제적 상황의 결과였지만, 기상 조건이 나쁘고 식량 가격이 높은 해가 연속된 이후에 발생하였다는 점을 과소평가해서는 안 될 것이다.

프랑스에서 대혁명이 일어나고 있을 때 일본에서는 간세이 개혁이 단행되었다. 1783년~1787년에 100만 명이 굶어 죽은 텐메이 대기근은 일본의 3대 기근 가운데 하나이다. 곳곳에서 쌀 약탈 폭동이 일어났는데, 도쿄와 오사카 등 대도시에서 격렬했다. 이 위기를 극복하기 위해 도쿠가와 막부는 간세이 개혁을 단행하여 검약과 긴축 정책을 추진하고 민생을 안정시키는 정치를 폈다.

이때 조선에는 정조가 있었다. 정조는 기근 때마다 친히 현장에 나

세상을 바꾼 기후

가고 국고를 과감하게 풀어 굶는 백성을 구제하는 생활 정치를 폈다. 또한 신해통공을 단행하여 부유한 시전 상인들의 독점 상업 특권을 없애고 요즘의 노점상인 가난한 난전들의 자유로운 상업 활동을 보장했다. 이는 정조를 성왕으로 평가하는 근거 가운데 하나이다.

마녀사냥

소빙기 기후가 절정에 이른 16세기 말부터 17세기까지 유럽에서 마녀사냥이 극성을 부렸다. 신구 양 교파 간의 종교 전쟁이 거의 한 세기 동안 이어졌다. 30년 전쟁은 1618년에 독일에서 일어나 1648년까지 거의 모든 유럽 나라들이 참여한 대규모의 국제 전쟁으로 확대되었다. 종교 전쟁이 치열하게 전개된 데에는 종교적인 신념이나 정치적 야망도 있었지만, 대기근으로 인한 민심 이반이 크게 작용했다. 국민들의 불만이 커지면 정권이 위태롭기 때문에 군주들은 국민들의 관심을 다른 데로 돌리거나 한데로 모으기 위해 의도적으로 전쟁을 일으켰다.

종교전쟁, 30년 전쟁, 악화되는 경제 상황, 기근, 페스트, 가축 전염병으로 시대가 혼란스러워지자 마녀사냥이 폭발적으로 증가했다. 마녀사냥은 15세기 초 이교도의 침입과 종교 개혁으로 분열되었던 종교적 상황에서 이교도(악마, 마법사, 마녀)를 박해하여 종교 권력을 유지하기 위한 수단으로 시작되었다. 그래서 종교 재판소가 마녀 심판을 전담했고 희생자 수도 적었다. 그러나 전염병이 극성을 부리자 마술

| 17세기까지 약 20만~50만 명이 마녀사냥으로 처형대에 올랐다.

(주술)이 널리 행해졌고, 교회는 연속된 불행에 대한 납득할 만한 설명을 찾는 데 몰두했다. 마침내 악마와 동일하게 여겨 온 마법사(주술사)와 마녀를 공격 대상으로 삼았다. 그들을 악마와 내통하여 인간과 가축 및 작물에 해를 입히는 존재로 간주하고, 특히 신학적 관점에서 사탄의 공모자로 각인되어 있는 여성을 주된 공격 대상으로 삼았다. 그리하여 멀쩡한 여자를 마녀라고 낙인찍어 잡아서 가두고 고문을 했고,

속전속결 재판으로 사형에 처했다. 마녀사냥은 극적인 효과 덕분에 금방 번졌다. 사람들의 마음을 현혹시켜 일반인에게까지 확산되었다. 세속 법정이 마녀사냥을 주관하게 되면서 걷잡을 수 없는 광기에 휩싸이게 되었다.

독일의 한 작은 마을에서 한 명의 마녀가 체포되었다. 뒤이어 연속으로 48명이 마녀로 낙인찍혀 화형당했다. 마을에 여자가 없을 지경이었다. 한 지방에서는 200여 마을에서 7년간 368명의 마녀가 적발되어 화형당했다. 마녀가 없는 마을이 없었다. 한 작은 도시에서는 50년간 64회의 마녀재판이 열렸다. 마녀사냥의 중심지였던 프랑스 북부의 한 지역에서는 300명이 재판에 회부되어 절반 정도가 처형되었다. 걸렸다 하면 목숨을 부지하기 어려웠다. 그곳의 한 재판관은 15년간 화형시킨 마녀가 900명에 달했다고 한다.

마녀사냥으로 희생된 자들은 대부분 하류층이었다. 남자한테 버림받은 여자, 창녀와 포주, 떠돌이나 거지, 유랑 악사들이었다. 유대인도 희생의 대상이었다. 거기에 의회 의원이나 고급 관리의 부인까지 희생되었고, 심지어 어린이들도 마녀사냥에 희생당했다. 기후 변화로 야기된 민중의 불만을 마녀라는 희생양을 통해 대리 해소하는 동안, 17세기까지 대략 20만~50만 명의 사람들이 마녀사냥으로 처형대에 올랐다. 그중 3분의 2가 여성이었다. 그러나 18세기에 들어서면서 마녀사냥도 점차 그 모습을 감추기 시작했다. 이성적 세계관의 확산으로 비이성적인 마녀사냥의 존립 근거가 빛을 잃었기 때문이다.

유럽을 휘감은
우울증

"마녀사냥은 소빙하기가 낳은 범죄였으며, 우울증은 소빙하기의
대표적인 질병이었다."

－볼프강 베링어, 『기후의 문화사』

마녀사냥이 한창일 때에 유럽에서는 우울증이 유행했다. 프랑스의 발루아 왕가와 오스트리아의 합스부르크 왕가가 우울증을 앓고 있었다. 영국에서는 엘리자베스 1세(재위 1558년~1603년) 때에 우울증이 최고조에 달해 우울증을 '엘리자베스 병'이라고도 불렀다. 신성로마의 황제 루돌프 2세(재위 1576년~1612년) 역시 우울증 탓에 마법에 홀렸다거나 미쳤다는 평을 받았는데, 자신이 거느리던 신하들의 음모와 언제 독살당할지 모른다는 생각 때문에 늘 겁에 질려 있었다. 군주들의 우울증은 통치에 장애가 될 때가 많아 정치적 갈등의 도화선이 되었다. 특히 전쟁을 부추긴 군주들 가운데에는 소빙기 추위가 몰고 왔던 심리적 영향(우울증)을 받아 광기를 부린 사람도 있었다.

소빙기	1500년~1700년	
	1533년~1603년	영국 우울증 환자 증가
	1564년	브뤼헐 「눈 속의 사냥꾼」 그림
알프스 빙하 확장	1601년	
런던 템스 강 결빙	1609년	
	1618년	요동 지방 중국인 조선으로 이주 독일 30년 전쟁
	1639년	중국 대기근
	1644년	명 멸망(청 건국) 스트라디바리우스 제작 시작
	1650년	독일 포도주 농사 흉작
	1652년	아일랜드인 프랑스 이주
중국 양쯔 강 결빙	1654년	중국 감귤 동사
동해 결빙	1655년	조선 초여름에 겨울옷 착용
한강 결빙(음력 2월)	1670년	조선 경신 대기근
	1675년	북해 대구 어업 포기
	1689년	중국 여름에 겨울옷 착용
아이슬란드 해빙 확장	1695년	조선 을병 대기근
아이슬란드 화산 폭발	1783년	
	1789년	프랑스 대혁명
	1783년	일본 텐메이 대기근

5
온난화,
현대를 시험하다

현재와 같이 화석 연료에 의존하는 대량소비사회가 계속된다면
1980~1999년에 비하여 금세기 말(2090~2099년)의 지구 평균 기온은
최대 6.4도 상승하고, 해수면은 59센티미터 상승할 것이다.
전 지구 평균 온도가 1도 상승하는 2020년대에는
대략 4억~17억 명이 물 부족에 시달릴 것이며
2~3도의 기온 상승이 예상되는 2050년대에는 10~20억 명이,
3도 이상이 상승하는 2080년대에는 11억~32억 명이
물 부족에 시달릴 것이다. 또한 전 세계 인구의
5분의 1 이상이 홍수 피해를 입을 것이다.
– 기후 변화에 관한 정부간 협의체(IPCC) 제4차 평가보고서(2007년)

18세기 후기 에 잠깐 날씨가 온난 습윤해졌다. 그러나 19세기 초기에 이르러 다시 추워진 날씨는 19세기 중반까지 지속되었다. 기후 역행의 주범은 엘리뇨와 화산 폭발로 추정되고 있다. 1812년에 엘리뇨가 발생해 지구 한쪽은 가뭄으로 몸살을 앓고 다른 한쪽은 극심한 추위로 고생했다. 이때 서인도 제도의 성 빈센트 섬에서 화산이 폭발했다. 1814년에는 필리핀에서 큰 화산이 폭발했다. 1815년 4월에 폭발한 인도네시아 탐보라 화산은 전 세계 기후를 한순간에 바꿔 버렸다. 이때 유럽에서는 나폴레옹이 몰락하고 자유주의 운동이 확산되었고, 반면에 동아시아 3국은 생산성이 하락하고 정치 기강이 문란해져 쇠락을 길을 걷고 있었다. 19세기 말에 아시아가 서양 제국주의 국가의 침탈을 받게 된 것도 이러한 상황에 기인한 것이 아닐까?

지구 기온은 20세기에 들어서면서 점점 더워지고 있다. 이 현상이 자연적인 기후 변화의 결과인지 아니면 화석 연료를 사용한 탓인지 명확하게 판명나지는 않았지만, 후자에 무게를 두고 있는 실정이다. 기후 온난화는 지구 생태계를 변화시키고 있고, 인간 생활에까지 영향을 미칠 것이다. 이런 점 때문에 국제적으로 온난화를 해결하기 위해 손을 모으고 있다.

소빙기의 마지막 심술

나폴레옹을 무너뜨린 동장군

1812년 남아메리카의 베네수엘라는 가뭄과 지진으로 몸살을 앓고 있었다. 게다가 인근 서인도 제도의 성 빈센트 섬에서 화산이 폭발했다. 이 세 가지 자연재해가 동시에 일어난 것은 우연이 아니었다. 가뭄과 지진, 화산은 서로 연결되어 있다. 가뭄이 지속되면 지구 내부에 전기가 축적되어 폭발 가능성이 높아지기 때문이다. 그러나 이때까지만 해도 이 사실을 아는 사람은 그리 많지 않았다. 당시 지구촌 곳곳이 극심한 가뭄에 시달렸다. 인도와 미얀마가 가뭄으로 대기근을 겪었다. 오스트레일리아 정착촌에도 극심한 가뭄이 몇 달 동안 지속되었다.

1812년의 흉악한 기상 상태는 러시아에서도 기록되었다. 그때 유럽을 정복했던 나폴레옹이 60만 대군을 이끌고 모스크바 정복에 나섰다가 살을 에는 겨울 추위로 '위대한 군대'를 잃고 대패했다. 러시아를 탈출하면서 나폴레옹은 "우리를 패배시킨 것은 겨울이다. 우리는 기

후의 희생양이다."라는 유명한 말을 남겼다. 그래서 이 무렵의 기후를
'나폴레옹 빙기'라고 부르고, 나폴레옹 군대를 물리치는 데 큰 공을 세
운 겨울 추위에 '동장군'이란 별칭이 붙었다고 한다. 나폴레옹이 러시
아로 이끌고 갔던 67만 5,000명 병사 가운데 10분의 1도 채 안 되는
인원만이 국경을 넘어 조국으로 돌아올 수 있었다. 나폴레옹은 엄청난
타격을 입었고, 두 번 다시 명예를 회복하지 못했다.

　　1812년 말에 러시아에서 시작된 혹독한 겨울은 그해의 엘니뇨가
남긴 피해였다. 엘니뇨는 스페인어로 '아기 예수'를 의미하는데, 크리

| 아돌프 노던, 「나폴레옹의 모스크바 퇴각」

스마스를 전후하여 페루 해안에 따뜻한 해수가 밀려와 폭우를 내리고 태평양 반대편에는 가뭄을 가져오는 기상 현상을 말한다. 이때 북극의 찬 공기가 남하하면서 북반구에 폭설이 내리고 한파가 발생한다. 바로 이 엘니뇨로 남미와 인도 및 오스트레일리아가 가뭄에 시달리고, 러시아가 혹한으로 고생했다. 나폴레옹은 아무것도 모르고 대군을 이끌고 러시아 깊숙이 들어가 재기 불능의 피해를 입었으니, 기후를 모르면 전쟁에서 이길 수 없다는 말이 실감난다.

129년이 지난 1941년에 히틀러가 러시아를 침공하면서 똑같은 실수를 반복했다. 독일군이 모스크바에 진격했을 때 한낮의 평균 기온이 영하 20도 이하로 떨어졌고, 유례가 없을 정도로 폭우가 쏟아졌다. 전쟁이 끝난 뒤에 러시아 기상학자는 "유럽 북부와 동부를 강타한 그해 겨울은 최근 200년 중 가장 추운 겨울이었다."라고 평가했다. 군인들이 움직일 수 없었고, 무기가 작동하지 않았고, 무적을 자랑하던 탱크가 진흙땅에 갇혀 버렸다. 이때 러시아군이 대대적인 반격을 가해 오자, 독일군은 허겁지겁 퇴각해야 했다. 히틀러와 그 부하들이 실패한 원인을 분석하면서 기상도를 내놓았는데 1812년과 1941년의 기상 상태가 거의 비슷했다.

여름이 없는 해

탐보라 화산 폭발 1년 뒤인 1816년, 유럽과 북아메리카는 '여름이 없는 해'를 보냈다. 알프스의 샤모니 계곡에 머물고 있던 영국의 낭만파 서정 시인 셸리는 「몽블랑」이라는 시에서 이렇게 표현했다.

빙하가 먹이를 응시하는 뱀처럼, 그들의 먼 근원지에서 느릿느릿 나아간다.
서서히 흘러내린다. 거기에는 수많은 절벽에서.
불멸의 힘을 조롱하듯이 서리와 태양이 존재한다.
돔, 피라미드, 그리고 작은 뾰족 탑을 쌓아 올렸다.
난공불락의 밝게 빛나는 빙하의 벽,
한 인간 종족이 두려움에 밀려 멀리 날아간다. 그의 일터와 집으로부터.
한 차례의 거대한 폭풍 전의 한 줄기 연기처럼 사라진다.
그리고 그들이 머무는 장소는 알려지지 않았다.

북아메리카 동부 지역은 6월인데도 북동풍이 불면서 눈이 내렸고, 어떤 곳은 수일간 기온이 0도 이하에 머물렀다. 성층권의 먼지가 전 세계의 하늘로 확산되는 데 시간이 걸리기 때문에 화산이 폭발하고 1년 뒤에 기후 변화가 찾아온 것이다. 먼지 장막은 태양빛을 막아 지구를 한랭화시켰으며, 지구의 바람 순환 패턴까지 변화시켰다.

화산 폭발로 형성된 지속적인 먼지 장막은 빛을 발산하는 광학 효과를 일으켰다. 19세기 영국 화가 존 컨스터블은 변화하는 대기와 빛의 색채를 정확하게 잡아내어 풍경화라는 장르에 새로운 기운을 불어

넣었다. 그의 대표작으로 꼽히는 「건초 수레」란 작품을 보면, 한낮인데도 하늘이 화산재로 뒤덮여 뿌옇다. 이 시기 화가들의 작품을 보면 이전보다 하늘에 구름이 많다. 야외에서 작업하는 화가들의 눈에 그만큼 구름이 많이 보였을 것이다. 하늘 색깔도 청색에서 황색으로, 또는 회색으로 점점 변했다. 석탄 사용이 증가했다는 증거이기도 하지만, 날씨 변화의 증거이기도 하다. 존 컨스터블과 함께 영국의 위대한 풍경화가로 손꼽히는 윌리엄 터너 또한 광학 효과를 일출과 일몰의 색깔에 표현하여 명작을 남겼다.

| 존 컨스터블, 「건초 수레」(1821)

세상을 바꾼 기후

꼬리를 내리는 소빙기

유럽에서는 곡물과 포도의 수확이 늦어졌고, 흉작이 들어 가족들이 식량을 구걸하기 위해 거리를 돌아다녔다. 1816년~1819년에는 유럽에서 발진티푸스와 페스트가 창궐했고, 인도에서 발병한 콜레라는 전 세계를 휩쓸었다. 이때 우크라이나 지역은 더운 여름을 보냈다. 한국을 포함한 동아시아 지역과 인도에서는 폭우가 내렸다. 소빙기 날씨가 마지막 심술을 부리고 있는 것 같았다.

1812년~1820년 사이에 런던에서는 여섯 번의 크리스마스에 눈이나 서리가 내려 화이트 크리스마스가 되었다. 런던에서 화이트 크리스마스는 예외적인 일이었다고 한다. 1829년은 이례적으로 춥고 습했다. 홍수가 교량을 무너뜨리고, 농사를 망치고, 강의 흐름을 바꾸었다. 스위스의 한 호수는 100여 년 만에 처음으로 얼어붙었다. 1837년~1838년 겨울에 스칸디나비아에서는 노르웨이 남부와 덴마크 북단이 얼음으로 연결되어 배가 움직일 수 없었다. 예측할 수 없는 변화는 1840년대에도 계속되어 추운 겨울과 서늘한 여름이 몇 차례 닥쳤다. 그러나 이후 기후는 서서히 온난해져 별다른 변동 없이 오늘에 이르고 있다.

1846년 유럽의 여름은 매우 더웠다. 이 더위는 아일랜드에 감자 대기근을 들게 했다. 전년에 발생한 감자 역병이 이듬해 1846년에 이르자 감자 수확을 전멸에 가깝게 만들었다. 감자가 주식인 데다 대부분의 농지에서 감자를 재배했기 때문에 큰 피해가 발생했다. 수많은 사람들이 죽어 가고 미국으로 탈출 행렬이 이어졌다. 10년이 지나자 전체 인구가 850만에서 650만으로 줄어 버렸다. 100만 명은 죽었고, 100만 명은 빠져나갔다고 추정한다.

감자는 아일랜드의 인구 증가와 농업 발전에 기여했지만, 감자 한 가지에만 의존한 사회 시스템 때문에 나라 전체를 뒤흔든 주범이라는 애꿎은 누명을 쓰고 말았다. 30년 뒤 비슷한 상황이 인도 아래의 실론 (스리랑카의 옛 이름)에서 반복되었다. 영국 동인도 회사는 수출하여 돈을 벌기 위해 실론을 온통 차밭으로 만들었다. 그런데 1876년에 가뭄이 실론을 덮쳐 차나무가 죄다 말라 죽었고, 국제 경기 침체에 따라 홍차 값도 폭락했다. 실론 사람들은 몽땅 굶어 죽고 말았다. 오늘날 이익이 적은 것은 수입하고, 이익이 많은 것은 수출하자고 주장하는 사람들이 많다. 겉으로는 그럴듯하지만, 아일랜드나 실론처럼 대재앙을 겪을 수 있다.

1846년 더위는 아시아 대륙까지 뜨겁게 달구었다. 이로 인하여 시베리아 북동부 툰드라의 영구 동토가 일부 녹았다. 이 녹은 물 때문에 러시아의 강물이 범람하여 거대한 홍수가 일어났다. 이 무렵 아이슬란드는 북극해 해빙의 영향에서 벗어나고 있었다. 그린란드에서는 아주 오랜만에 대구를 어획할 수 있었다. 빙하가 후퇴하고 바다가 따뜻해지기 시작했다. 소빙기가 꼬리를 내리고 다시 온난화가 고개를 들고 있는 시점이었다.

세상을 바꾼 기후

온난화의 시작

뜨거워지는 지구

1895년 이후 잉글랜드와 유럽에는 오랫동안 추운 겨울이 나타나지 않았다. 1940년까지는 평균 기온이 영하로 내려가는 달이 없었다. 이런 현상은 지구 도처에서 나타났다. 학자들은 북반구는 1920년부터, 남반구는 1950년부터 온난화가 급속하게 진행되었다고 한다. 얼음의 한계가 북쪽으로 크게 후퇴했고, 북극의 해빙이 감소했다. 고산 지대의 빙하도 산 정상부로 올라갔다. 21세기 말에는 유럽 고산 빙하의 절반이 사라질 것이라고 한다. 시베리아 영구 동토의 후퇴는 얼음 위에 건설된 송유관이나 도로에 영향을 줄 것이다.

20세기 동안 발생한 기후 변화를 분석하면서 기후 온난화 논쟁이 펼쳐졌다. 온난화 가능성을 둘러싼 논쟁은 1970년대 말에 본격적으로 등장했다. 극단적 기후 상황을 알기 위해 엘니뇨나 북대서양 진동 같은 것을 연구했다. 그 결과 상습적으로 반복되는 태풍이나 한파를 비롯한 몇몇 강도 높은 기상 이변들은 북대서양 진동과 관련이 있고, 많은 지역에서 엘니뇨와 관련되어 나타나는 가뭄과 홍수는 그 강도가 더욱 거세질 것이라고 예견되고 있다. 따라서 홍수 및 가뭄의 수위가 높아질 위험도 점쳐진다. 댐을 만들어 물 관리에 만전을 기하자는 사람들은 대략 이런 논리에 빠져 있다고 보아도 크게 틀리지 않다.

또 탄소 및 온실 가스의 주기를 탐구하고 그것이 기후 변화에 미친 영향을 연구했다. 전 지표면의 평균 온도가 1860년 이후 0.4~0.8도 가량 상승했고, 어떤 지역에서는 1900년 이후 0.2~0.3도 상승했다. 현재 여름 기온은 중세 온난기의 평균치와 같다고 내다본다. 수온도 올라간 것으로 확인되고 있다. 이 데이터는 숨길 수 없는 사실이다. 문제는 이 결과가 어떻게 해서 나왔느냐이다.

많은 사람들은 이런 현상이 자연적인 기후 변화의 결과가 아니라, 화석 연료를 비롯하여 인간이 사용하는 오염 물질 때문이라고 생각한다. 진짜 주범이 확실히 밝혀지지는 않았지만, 화석 연료에 큰 비중을 두고 있는 실정이다. 그러면서도 자동차는 늘어만 가고 있다. 또한 농지와 목재를 확보하기 위해 무분별하게 추진된 삼림 개발로 인해 증가한 이산화탄소와 육류 소비를 위해 키우는 가축이 내뿜는 메탄과 암모니아를 기후 변화의 주요한 요인으로 꼽기도 한다. 특히 전체 메탄(속칭 방귀) 발생량의 약 15퍼센트가 소의 소화 기관에서 발생된다고 하니, 소고기를 먹는 일도 다시 생각해 봐야 할지 모르겠다.

변화하는 지구 생태계

온난화로 인해 빙하, 산호초, 침엽수림, 열대림, 극지방 생물 등이 위기에 처해 있다. 공기와 물도 예전만큼 깨끗하지 않다. 기후 온난화는 자연 생태계뿐만 아니라 건강, 관광, 산업, 패션 등에도 영향을 미친다.

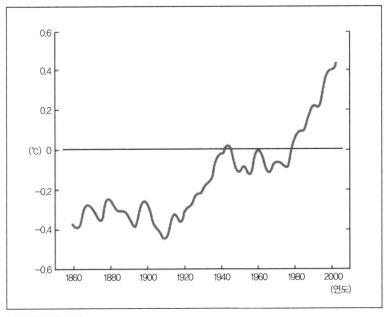

| 지구의 기온 변화

대부분의 열대 지방과 아열대 지방은 물론이고 심지어 중위도 지역도 온난화 수위가 몇 도만 넘어서도 농업 수확량이 눈에 띄게 줄어들수 있다. 특히 사막화가 확산된다면 지구의 식량 수급 사정은 위험 수위에 다다를 수 있다. 그렇지만 툰드라 동토 지대가 농경지로 바뀔 가능성도 있고, 고위도 지역의 식물 생장 기간이 길어질 수도 있다. 이런점 때문에 오늘날 온난화 시기의 식량 생산량을 낙관적으로 전망하는사람들이 있다.

온난화는 건강에도 영향을 미친다. 열파란 여름철에 수일 또는 수주일 동안 이상 고온 현상이 일어나는 것을 말하는데, 위도가 낮은 곳에서 열파로 인한 사망자가 많이 발생한다. 반대로 고위도 지역에서는심혈관 질환이 줄어 겨울철 사망이 감소할 것으로 예상된다. 또한 말라리아나 뎅기열 같은 '매개 동물' 전염병에 노출되는 사람 수가 늘어날 것이다. 온난화의 영향을 받아서 어떤 지역에서는 종 다양성도 크게 감소할 것으로 예상되고 있다.

기온이 상승하면 해양의 상층부가 가열됨에 따라 해수가 열적으로팽창한다. 해수의 부피가 팽창하면 해수면은 자연적으로 상승한다. 또한 온난화로 남극과 북극, 높은 산에 있는 빙하가 녹으면서 수면 상승에 힘을 보탠다. 그 결과 저지대는 침수되고, 섬나라는 사라질 가능성도 있다.

최근 언론 보도를 보면, 대서양~지중해~수에즈 운하~인도양~아시아를 잇는 전통적인 유럽극동 항로보다 러시아 바렌츠 해~시베리아

~베링 해협~태평양을 잇는 북극 항로를 이용하면 운항 시간이 3주나 단축된다고 한다. 아직은 쇄빙선을 앞세운 실험 단계이지만, 온난화로 북극 항로가 활짝 열리면 물류비가 대거 절감되어 매우 경제성이 높다고 한다.

온난화와 함께 성층권의 오존층이 놀라운 속도로 감소하고 있다. 오존의 농도 변화는 생물계에 직접적으로 충격을 줄 수 있다. 오존은 자외선을 흡수한다. 자외선은 사람 피부를 손상시키고, 파충류 알의 부화율을 떨어뜨리고, 식물이나 플랑크톤의 광합성 작용을 감소시킨다. 자외선이 증가하면 피부암 발생을 증가시킨다는 점에 착안하여 여성용 패션 모자나 화장품 산업이 융성할 가능성을 생각해 볼 수 있다. 그렇게 보면 누군가가 돈을 벌고 사업을 방어하기 위해 기후 상태를 악용하거나 기후 데이터를 왜곡할 가능성도 있다. 현실을 바로 보는 소비자 주권이 더더욱 필요한 때가 왔는지도 모르겠다.

궁극적으로 보면, 온난화의 원인은 부차적인 논쟁일 수 있다. 중요한 사실은 인구가 폭발적으로 증가하고 대부분 인구가 도시에 집중되어 있는 이 시대에 기후 변화가 수많은 목숨을 앗아갈 수 있다는 가능성을 잊고 있다는 점이다. 산업 혁명 이후 우리는 잠재적 격변에 적나라하게 노출된 시대로 성큼 들어섰다. 더구나 그 위험성은 기후 변화의 가능성을 감지하는 우리의 능력 때문에 더욱 커졌다.

앞으로 기후 변화는 부국과 빈국의 격차를 더 크게 벌려 놓을 것이다. 기후 변화로 가장 심각한 타격을 입을 지역은 연안 지대, 열대 지방, 북극 지방이다. 연안 지대는 해수면 상승의 영향을 받을 수밖에 없고, 열대 지방에서는 강수 시스템의 교란이 문제가 되며, 북극 지방에서는 눈이나 얼음이 대량으로 녹기 때문이다. 그러나 그 영향은 전 지구에 미칠 것이므로 국제적 공조나 노력이 더더욱 필요할 수밖에 없다.

세상을 바꾼 기후

엘니뇨	1812년	나폴레옹 모스크바 공략 실패
탐보라 화산 폭발	1815년	
	1816년	유럽 여름 없는 해
영국 혹한	1829년	
지구 혹서	1846년	아일랜드 대기근
북반구 온난화 시작	1920년	
남반구 온난화 시작	1950년	
	1992년	기후 변화 협약 체결

참고문헌

제1장

랜디 체르베니(김정은 옮김), 『날씨와 역사』 반디, 2011.

마크 엘빈(정철웅 옮김), 『코끼리의 후퇴』 사계절, 2011.

반기성, 『날씨가 바꾼 서프라이징 세계사』 플래닛미디어, 2012.

볼프강 베링어(안병옥, 이은선 옮김), 『기후의 문화사』 공감인, 2010.

브라이언 페이건(남경태 옮김), 『기후, 문명의 지도를 바꾸다』 예지, 2007.

에번 D. G. 프레이저(유영훈 옮김), 『음식의 제국』 RHK, 2012.

유소민(박기수, 차경애 옮김), 『기후의 반역』 성균관대학교출판부, 2005.

이시 히로유키 외(이하준 옮김), 『환경은 세계사를 어떻게 바꾸었는가』 경당, 2003.

田家康, 『氣候文明史』 일본경제신문출판사, 2010.

제2장

랜디 체르베니(김정은 옮김), 『날씨와 역사』 반디, 2011.

반기성, 『날씨가 바꾼 어메이징 세계사』 플래닛미디어, 2011.

장진퀘이(남은숙 옮김), 『흉노제국 이야기』 아이필드, 2010.

사와대 이사오(김숙경 옮김), 『흉노』 아이필드, 2007.

소원주, 『백두산 대폭발의 비밀』 사이언스북스, 2010.

얀 클라게(이상기 옮김), 『날씨가 역사를 만든다』 황소자리, 2004.

웨렌 트레드골드(박광순 옮김), 『비잔틴 제국의 역사』 가람기획, 2003.

페터 아렌스(이재원 옮김), 『유럽의 폭풍』 들녘, 2006.

피에르 레베크(최경란 옮김), 『그리스 문명의 탄생』 시공사, 2006.

H. H. 램(김종규 옮김), 『기후와 역사』 한울아카데미, 2004.

石弘之, 『歷史を変えた火山噴火』 도수서방, 2012.

제3장

강철성, 『기후와 인간생활』 다락방, 2003.

김연옥, 『기후 변화』, 민음사, 1998.

김정규, 『역사로 보는 환경』, 고려대출판부, 2009.

민석홍, 『서양사개론』, 삼영사, 1984.

반기성, 『날씨가 바꾼 어메이징 세계사』, 플래닛 미디어, 2010.

브라이언 페이건(윤성옥 옮김), 『기후는 역사를 어떻게 만들었는가』, 중심, 2002.

브라이언 페이건(남경태 옮김), 『뜨거운 지구 역사를 뒤흔들다』, 예지, 2011.

자크 르고프(유희수 옮김), 『서양 중세 문명』, 문학과지성사, 1992.

재러드 다이아몬드(강주헌 옮김), 『문명의 붕괴』, 김영사, 2011.

페르디난트 자이프트(차용구 옮김), 『중세, 천년의 빛과 그림자』, 현실문화, 2013.

필립 지글러(한은경 옮김), 『흑사병』, 한길사, 2003.

H. H. 램(김종규 옮김), 『기후와 역사』, 한울아카데미, 2004.

吉野正敏, 『歷史に氣候を讀む』, 학생사, 2006.

제 4 장

김덕진, 『대기근, 조선을 뒤덮다』, 푸른역사, 2008.

김덕진, 「17세기 한강의 장기 결빙과 그 영향」, 『한국사연구』 157, 2012.

김문기, 「17세기 강남의 소빙기 기후」, 『명청사연구』 27, 2007.

마크 쿨란스키(박광순 옮김), 『세계를 바꾼 어느 물고기의 역사』, 미래M&B, 1998.

반기성, 『날씨가 바꾼 서프라이징 세계사』, 플래닛미디어, 2012.

볼프강 베링어(안병옥, 이은선 옮김), 『기후의 문화사』, 공감인, 2010.

브라이언 페이건(남경태 옮김), 『기후, 문명의 지도를 바꾸다』, 예지, 2007.

브라이언 페이건(윤성옥 옮김), 『기후는 역사를 어떻게 만들었는가』, 중심, 2002.

실베스트 위에(이창희 옮김), 『기후의 반란』, 궁리, 2002.

에마뉘엘 르 루아 라뒤리(김응종, 조한경 옮김), 『랑그도크의 농민들』, 한길사, 2009

오성남 외, 『기후와 문화』, 시그마프레스, 2011년.

이영석, 「17세기 템스 강 결빙과 상업세계의 변화」, 『이화사학연구』 43, 2011.

조르주 르페브르(최갑수 옮김), 『1789년의 대공포』, 까치, 2002.

제 5 장

로스 쿠퍼–존스턴(김경렬 옮김), 『엘니뇨』, 새물결, 2006.

토마스 그레델 · 폴 크루첸(김경렬, 이강웅 옮김), 『기후 변동』, 사이언스북스, 2008.

헤르만 플론(김종규 옮김), 『과거와 미래의 기후변화문제』, 한울아카데미, 2000.

그림 소장처

사진 출처

1. 후빙기, 문명을 꽃피우다	고등학교	동아시아사	I – 3 농경과 목축, 문명을 낳다
			I – 4 국가의 성립과 발전
		세계사	Ⅲ – 1 북방 민족과 국제 질서의 재편
			I – 1 도시 문명의 성립
			I – 2 지역 문화의 형성과 제국의 발전
2. 한랭건조, 고대를 뒤흔들다	중학교 고등학교	역사(상) 세계지리	Ⅶ – 4 고대 지중해 세계의 발전과 크리스트교
			Ⅱ – 1 도시 문명의 성립
			Ⅱ – 2 지역 문화의 형성과 제국의 발전
			Ⅲ – 1 동아시아 문화권의 형성과 유교 · 불교의 확산
		사회 세계지리	Ⅱ – 2 기후와 인간 생활
			Ⅲ – 3 건조 지역의 지형과 주민 생활
			Ⅲ – 4 냉대 및 한대 기후 지역의 지형과 주민 생활
			Ⅲ – 5 신기 조산대 지역의 지형과 주민 생활
		동아시아사	Ⅱ – 2 불교의 확산과 정착
3. 따뜻한 중세, 바이킹을 움직이다	중학교	역사(상)	Ⅴ – 4 새로운 국가를 향하여
			Ⅷ – 4 기사의 나라 서유럽과 황제의 나라 비잔티움
			Ⅷ – 5 신을 위한 문화, 인간을 위한 문화
	고등학교	세계사	Ⅲ – 4 유럽 문화권의 형성과 크리스트교의 확산
		동아시아사	Ⅱ – 1 지역간 인구 이동과 전쟁
4. 소빙기, 근대를 앞당기다	고등학교	세계사	Ⅴ – 1 명 · 청 제국과 동아시아 세계의 성장
			Ⅴ – 3 유럽 사회의 변화와 절대주의의 등장
			Ⅵ – 1 근대 의식의 성장
			Ⅵ – 2 시민 혁명과 근대 국민 국가의 형성
		사회	Ⅱ – 1 다양한 기후 환경
			Ⅱ – 2 기후와 인간 생활
		세계지리	Ⅵ – 4 조선 시대 사람들은 어떻게 살았을까?
5. 온난화, 현대를 시험하다	중학교 고등학교	사회 3 사회	Ⅲ – 2 전 지구적 차원의 환경 문제
			Ⅱ – 2 기후와 인간 생활